포스트잇으로 즐기는
초등 놀이 글쓰기

포스트잇으로 즐기는

초등 놀이 글쓰기

습관코칭연구소 지음
배찬효•조성진•채명훈

우리 아이가 달라졌어요!

"아이가 오늘도 포스트잇 놀이를 하자고 졸라서 행복한 고민 중이에요."

한 달 전쯤이었을까요. 초등학교 3학년이 된 후에도 우리 아이는 도통 글쓰기에 관심이 없어서 걱정이었어요. 일기장이나 독후감을 한 번 쓸 때마다 저와 전쟁을 치르곤 했죠. 글쓰기의 중요성은 너무나 잘 알지만, 저 역시 글에 소질이 없어서 어떻게 도와주어야 할지 막막했어요. 그러다 우연한 기회로 습관코칭연구소의 포스트잇 놀이 글쓰기 온라인 수업을 접하게 되었어요. 아이한테 피자까지 시켜주며 한 번만 수업 들어 보라고 달랬죠. 아이의 머리에 헤드셋을 끼우고 나서 저는 저만치 뒤에서 수업 장면을 참관했어요.

평상시였다면 인상을 찌푸렸을 아이가, 웃으며 글을 쓰는 모습을 보니 너무 신기했어요. 제가 지금까지 글쓰기를 잘못 가르쳤다는 사실을 깨닫게 되었죠. 돌아보니, 저도 어린 시절에 선생님과 부모님께 혼나면서 글쓰기를 배웠다는 사실이 떠올랐어요. 저도 모르게 아이에게 제가 싫어하던 방식을 강요했었던 거예요.

'포스트잇 놀이 글쓰기'는 지금까지의 글쓰기 수업과 달랐어요. 아이의 웃음에서 정말로 놀이를 즐기는 것을 느낄 수 있었어요. 수업이 끝나자 수북하게 쌓인 포스트잇을 하나하나 자신의 벽에 붙이며 뿌듯해하던 아이의 모습을 보니 눈물이 날 뻔했어요. 그 수업 이후로 저는 아이와 일주일에 한두 번씩 포스트잇 놀이로 즐거운 시간을 보내고 있어요. 이 수업 덕분에 저도 다시 다이어리를 쓰는 습관을 들였어요. 오늘은 집안일로 바쁜데, 아이가 글쓰기 놀이를 더 하자고 졸라서 행복한 고민을 하고 있어요. 이렇게 즐겁게 습관을 만들 수 있는 방법을 왜 지금까지 몰랐을까요?

-학부모님이 보내신 후기 중 일부-

이처럼 따끈따끈하게 전달되는 학부모의 후기들이 우리 습관코치들을 춤추게 만듭니다. 열정적인 연구와 시행착오 끝에 우리가 만든 글쓰기 습관의 성공 공식은 간단합니다. 글쓰기는 '어렵고 재미없다'라는 고정관념을 반대로 바꾼 것이죠.

즐거운 놀이 + 쉬운 반복 = 글쓰기 습관

뭐든지 즐겁고 쉬우면 반복할 수 있습니다. 자, 그럼 어떻게 우리 코치들은 글쓰기 놀이를 '포스트잇'이라는 도구와 접목시킬 수 있었는지 궁금하시죠? 그 과정을 좀 더 살펴보실까요.

왜 포스트잇 놀이 글쓰기에 뛰어들었나?

저희 습관코치연구소에서 바이블처럼 소중히 여기는 책이 있어요. 제임스 클리어의 [아주 작은 습관의 힘]이죠. 꼭 읽어보세요! 이 책에는 습관의 법칙 4가지가 등장합니다. 어떤 행동이 아래의 4가지 조건을 충족할 때 그 행동은 습관이 될 수 있어요.

1. 분명하다(Obvious)
2. 매력적이다(Attractive)
3. 쉽다(Easy)
4. 만족스럽다(Satisfying)

우리 코치들은 어떻게 하면 중학생들에게 쉽게 글쓰기 습관을 들일 수 있을지 방법을 연구하다가 '포스트잇 글쓰기'에 착안하게 되었습니다. 우리는 포스트잇에 대해 이러한 질문을 던졌습니다.

왜 수험생이나 직장인들만 주로 포스트잇을 쓰는 걸까?
왜 어린 학생들에게 포스트잇을 써 보라고 권유하지 않을까?

우리는 중학생을 대상으로 하는 글쓰기 코칭 과정에서 포스트잇 글쓰기를 선보였고 그야말로 반응은 대박이었습니다. 글쓰기를 싫어하던 아이들도 90%이상 매일 포스트잇 한 장 글쓰기에 성공한 것이죠. 포스트잇 글쓰기가 성공할 수 있었던 것은, 포스트잇 글쓰기야말로 위에서 언급한 4가지 조건을 완벽하게 충족하기 때문입니다. 자 정말 그런지 살펴볼까요?

포스트잇은 어떤 도구보다도 눈에 잘 띄는 분명한 글쓰기 툴(tool)입니다. 예를 들어, 일반적인 일기장과 포스트잇을 비교해볼까요? 일기장은 매일매일 쓰더라도 한 권의 책으로 구성되어 있어서 책장을 넘겨봐야만 얼마나 썼는지 파악이 됩니다. 그러나 누적되는 포스트잇은 매일매일 벽이나 모니터 같은 공간을 확장해 나갑니다. 낱장이 다 펼쳐져 있는 셈입니다. 제임스 클리어 식으로 표현하면, 좋은 습관의 신호가 분명하게 눈에 보이도록 환경을 디자인한 것입니다.

포스트잇은 매력적입니다. 다양한 색깔과 모양도 매력일 뿐더러 붙이고 떼며 느끼는 촉감도 매력적입니다. 아이들은 포스트잇을 사용하면서 긍정적인 느낌을 가질 수 있습니다. 마치 나도 전문적인 직업인이 된 것 같은 느낌 말이죠. 긍정적인 느낌이 들수록 아이들은 더 많

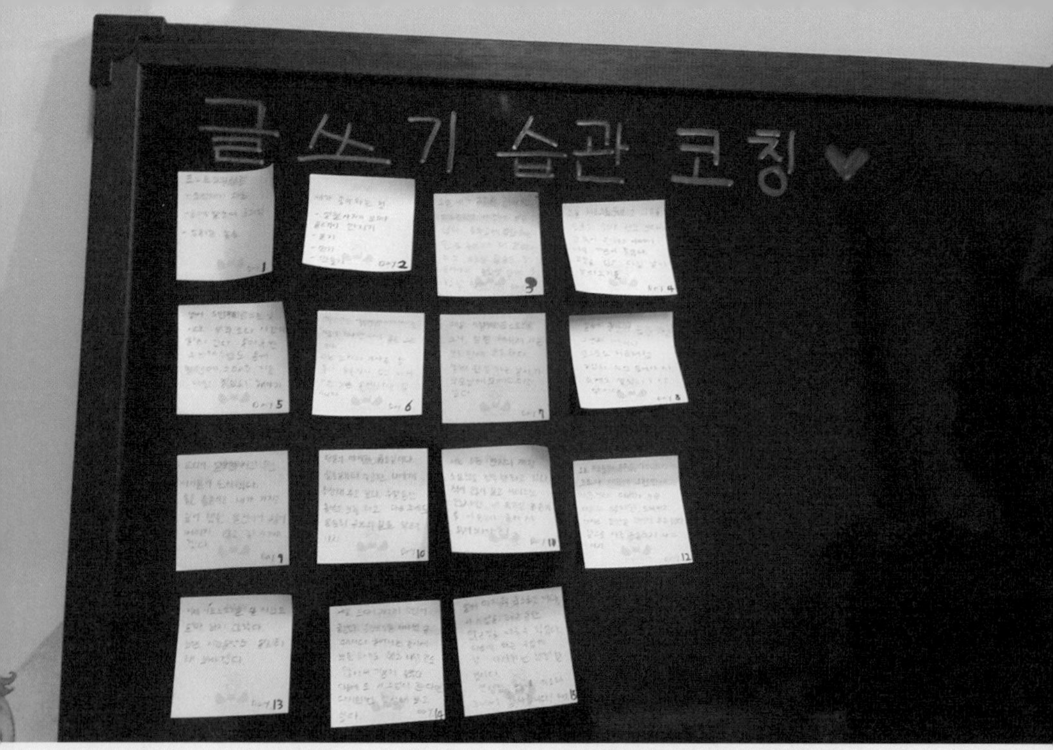

어떤 학생은 자신의 방에 설치한 보드에 코칭기간 내내 매일 포스트잇을 차곡차곡 붙여 나갔어요!

이, 더 자주 글을 쓰게 되겠죠? 이처럼 포스트잇은 동기부여로 작용하여 습관의 선순환을 일으킵니다.

포스트잇은 쉽습니다. 이보다 더 쉬운 글쓰기 툴은 없습니다. 아무리 글쓰기 싫어하는 아이들도 포스트잇 한 장 정도는 씁니다. 쓰다 보면 재밌고, 재밌으니까 또 쓰게 됩니다. 이것이 포스트잇 글쓰기의 마법입니다.

포스트잇은 만족스럽습니다. 뒤에서도 자세히 설명하겠지만, 포스트잇은 그 자체로 보상이 됩니다. 자신이 작성한 포스트잇이 자신의 공간을 채워나가는 것을 보며 아이들은 글쓰기에 대한 애착을 키워갑니다. 덩달아 아이들의 자존감도 높아집니다.

중학생 코칭에서 성공을 거둔 우리 코치들은 이 질문에 이르게 되었습니다.

> 중학생들도 할 수 있다면 초등학생들도 할 수 있지 않을까?

초등학생들도 즐겁게 포스트잇을 작성하였습니다. 다만, 한 가지 아쉬운 점이 있었습니다. 아이들이 스스로 글감을 찾는 것이 익숙하지 않았다는 점이죠. 그래서 저희는 더 고민했습니다. 아이들이 스스로 글감을 찾을 수 있도록 도와주려면 어떻게 하면 좋을까?

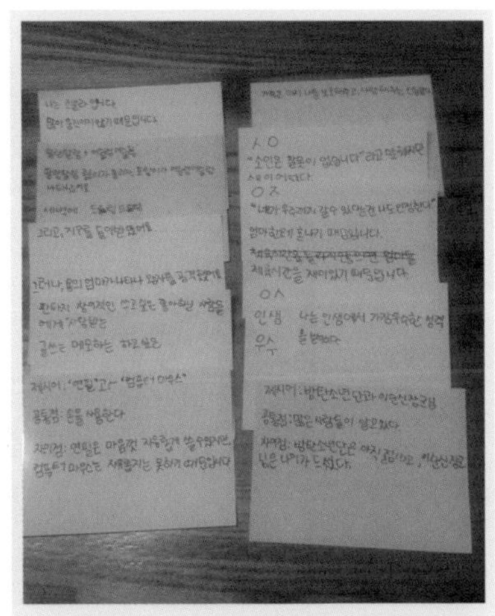

한 시간 동안 놀이만 즐겼을 뿐인데 10장이 넘는 포스트잇 결과물이 탄생했어요!

정답은 진지한 이론서에 있지 않았습니다. 정답은 '놀이'였습니다. 그때부터 우리는 날마다 포스트잇 글쓰기 놀이를 연구하기 시작했습니다. 포스트잇의 장점과 놀이의 장점을 극대화하였더니 그 결과는 놀라웠습니다. 처음 개설한 16명

정원의 포스트잇 놀이 글쓰기 ZOOM 코칭에 873명이 신청을 했고, 문의 전화가 끊이지 않았습니다. 코칭에 참여했던 부모님들은 연속해서 코칭해 주면 안 되느냐는 질문을 계속했죠. 부모님들이 얼마나 자녀들의 글쓰기 습관을 들이기에 큰 관심을 가지고 있는지 체감할 수 있었습니다.

이 책의 2부에서 저희가 시도했던 놀이들을 공유하고자 합니다. 기대해도 좋습니다. 저희가 준비한 모든 놀이를 해봤는데도 글쓰기를 싫어할 아이는 없을 테니까요. 여러분의 아이도 글쓰기를 사랑할 수 있도록, 글 쓰는 습관이 평생 갈 수 있도록 우리 코치들이 함께하겠습니다.

패들렛(Padlet)을 활용하여 학생들이 정성껏 작성한 포스트잇을 모았어요.
단 며칠 만에 디지털 아카이브가 생성된 셈이죠~

추천사

세상에는 자기 계발에 힘쓰는 사람들이 참 많습니다. 특히, 자기 계발 분야 중 글쓰기로 삶을 풍성하게 가꾸려는 이들이 많습니다. 시중에 이미 글쓰기 책이 많이 나와 있습니다만, 습관코칭연구소에서 출간한 이 책은 글쓰기가 부담스러운 아이들도 쉽고 재미있게 글쓰기에 접근할 수 있도록 도와주는 좋은 책입니다.

저자들의 코치를 따라 포스트잇 놀이 글쓰기를 즐기다 보면 자기 계발은 물론 특정 목표를 달성하는 데 필요한 실용적인 글쓰기 실력도 향상될 것입니다. 스마트폰과 컴퓨터가 지배하는 시대에서 우리는 포스트잇 글쓰기 놀이를 통해 직접 손으로 글을 쓰는 귀한 손노동의 체험을 하게 될 것입니다.

특히, 처음에 의욕적으로 글쓰기를 시작했지만 금세 포기하는 아이들에게 이 책을 추천합니다. 다양한 놀이를 통해 적은 노력으로 커다란 성공의 기쁨을 누리다 보면, 자신도 모르는 사이에 글쓰기가 재미있는 습관이 되어 있을 것이라고 확신합니다.

평소 유익한 습관 형성에 관심이 많은 배찬효 선생님은 습관코칭연구소를 운영하며 열정적인 글쓰기 코치와 피드백으로 큰 호응을 받고 있습니다. 이 책을 읽어보니 포스트잇 놀이 글쓰기가 왜 이렇게 인기가 많은지 알게 되었습니다.

좋은 책 출간을 축하드립니다. 더욱 번성하시기를 기원합니다.

와부초등학교 교장 강종희

과거에는 글을 쓰는 것은 전문적인 영역이었습니다. 하지만 요즘은 소셜미디어 덕분에 누구나 빠르고 쉽게 자신의 감정을 표현하고, 공감을 끌어내는 글을 쓸 수 있습니다. 디지털 시대에 글쓰기가 우리 생활에서 차지하는 비중은 오히려 더 높아지게 된 셈입니다. 그런데 왜 일까요? 단 몇 줄이라도 막상 쓰려고 하면 얼어버리는 것은 글쓰기를 즐기지 못해서이기도 하고, 연습이 부족했기 때문이기도 할 것입니다.

글쓰기 자체도 어렵다면, 글쓰기 지도는 어떤가요? 글쓰기 지도는 전문가가 아니면 상당히 부담스러운 영역입니다. 그러나 이 책에 소개된 포스트잇 놀이는 성인 누구나 재미있게 아이들과 함께 즐길 수 있다는 점에서 이 책은 독자들에게 극찬을 받을 것입니다. 이 책 한 권만 있으면 마치 탁월한 수업 지도안을 손에 넣은 것처럼 든든함을 느낄 수 있을 것입니다.

이 책은 아이들과 글쓰기를 놀이로 즐겁게 시작하고 싶은 많은 선생님과 학부모들에게 매력적인 코칭북이 될 것입니다. 사람들이 책을 더 사랑하도록 돕는 일을 업으로 사는 공공도서관 사서인 나에게 추천할 도서가 하나 더 생겨 행복합니다. 설레는 마음으로 함께 출간일을 기다려봅니다.

경기 평택교육도서관 학교도서관 지원팀장 이준명

습관코칭연구소의 강의와 자료들을 작년부터 꾸준히 접했습니다. 심상치 않았습니다. 열정적인 강의와 디테일이 살아있는 PPT 자료들을 통해 이분들은 큰 사고를 칠 것 같다는 생각이 들었습니다. 그리고 빵! 이 책이 탄생했습니다. 대형 사고입니다. 이보다 더 쉽고 재밌는 중독성 있는 글쓰기 놀이를 찾기 어렵기 때문입니다.

작은 포스트잇이 학생들을 작가로 이끌 것입니다. 학생들은 이 만만한 포스트잇에 얼마든지 자신의 역량을 발휘할 수 있습니다. 한두 줄만 써도 꽉 차 보입니다. 하지만 공책에 쓰는 한두 줄은 늘 미완성처럼 보입니다. '난 글쓰기에 소질이 없나 봐.'라는 상태로는 글쓰기의 발전을 기대할 수 없습니다. 이에 비해 포스트잇 글쓰기는 쉽게 완성됩니다. 창의적이기까지도 하지요.

성취감은 발전의 원동력입니다. 한 걸음의 성취가 있어야 다음 걸음을 할 용기가 나는 법입니다. 포스트잇을 통한 작은 성취감은 지속적인 글쓰기에의 욕구를 불러일으킬 것입니다. 글은 쓰면 쓸수록 느는 것에 이견의 여지는 없습니다. 출발은 작은 포스트잇이지만, 이 책의 놀이를 통해 학생들은 글쓰기 실력의 놀라운 향상을 경험할 것입니다.

교육에서 어른들의 실수는 조급함입니다. 이제 막 한글을 깨친 초등학교 저학년 학생들에게 우리는 문단이 구분되는 글쓰기를 요구합니다. 일기를 쓰라고 하고 생활문을 써보라고 합니다. 글에는 생각과 느낌이 들어가야 좋은 글이 된다며 말입니다. 이제 막 수영장 벽을 잡고 발차기를 익힌 수영 초급자에게 50m를 접영으로 왕복해 오라는 것과 무슨 차이가 있겠습니까? 하지만 포스트잇으로 즐기는 초등 놀이 글쓰기는 한 낱말부터 시작합니다. 한 낱말이 한 줄이 되고 두 줄, 세 줄이 되는 마법의 놀이 속에서 포스트잇은 작게 느껴질 것입니다. 어느 순간 학생들은 포스트잇이 작다고 외칠 것입니다.

'이제 내 생각을 담기에는 포스트잇은 너무 작아요. 더 큰 종이를 주세요.'

수많은 글쓰기 책 중에서 이보다 더 초등학생들에게 어울리는 책은 없을 것입니다. 포스트잇을 글쓰기의 주된 툴(tool)로 사용한다는 발상 자체부터 놀랍습니다. 포스트잇에 놀이를 접목해 학생들이 싫증 내지 않고 반복해서 글쓰기를 즐길 수 있는 점도 매력적입니다. 코치들의 경험까지 더해지면서 매우 효과적인 놀이 글쓰기 코칭북이 완성되었습니다.

글쓰기의 바다에서 분투하는 모든 이들에게 이 책은 한 줄기 빛을 선사하는 등대 역할을 할 것으로 기대합니다.

백문초등학교 교감 고영훈

우리 주위에는 글쓰기에 관심을 가진 사람이 많이 있습니다. 그러나 대부분의 사람은 학교를 떠나는 동시에 글쓰기도 함께 졸업하고 맙니다. 글쓰기 현실은 그리 쉽지 않기 때문이죠. 왜 그리 글쓰기가 힘든 것일까요?

이 책을 처음 마주했을 때 '일상생활 속 메모지에 불과한 포스트잇으로 과연 즐기는 글쓰기가 가능할까'하는 의문이 들었습니다. 그러나 '포스트잇'과 글쓰기의 관계에 의문을 품고 책을 읽어 나가면서 그 궁금증은 오래지 않아 저자들의 기발한 발상에 대한 감탄으로 바뀌게 되었습니다.

노력하는 사람도 즐기는 사람은 이길 수 없다고 합니다. 세상에 노력하는 사람은 많이 있습니다. 예를 들어 다이어트를 시도하는 사람은 많지만 성공하는 사람은 많지 않습니다. 마치 우리가 글쓰기에 성공하지 못했던 것처럼 말입니다. 이 책에서 진정한 글쓰기의 성공비결을 찾을 수 있을 것입니다.

AI가 소설까지 쓰는 세상에서 우리는 어떻게 아이들에게 창의적인 글쓰기를 가르칠 수 있을까요? 글쓰기를 즐기는 사람만이 AI를 능가할 수 있을 것입니다. 책을 덮고 나니 포스트잇 놀이 글쓰기보다 더 즐거운 글쓰기 교육 방법이 있었는지 반문하며 교육계를 돌아보게 됩니다. 전국의 초등학생과 학부모들이 하루라도 빨리 이 책을 읽을 기회가 생겼으면 좋겠습니다.

경기도 구리남양주 교육지원청 장학사 하영수

작은 공간에서 시작되는 커다란 즐거움!

글쓰기의 중요성은 누구나 알지만 글쓰기의 즐거움을 느끼기는 쉽지 않은 일입니다. 그런데 우리 주변에서 쉽게 만날 수 있는 포스트잇과 글쓰기가 만났을 때 이런 멋진 일이 생긴다는 것을 알게 되었습니다.

이분들, 참 멋지지 않나요?

이 책을 통해 하루에도 몇 장씩 사용하는 포스트잇을 새롭게 바라보게 되었습니다. 책에 소개된 22가지 놀이를 차례대로 해 보면 어느새 글쓰기의 매력에 푹 빠지게 됩니다. 저도 아이들과 직접 놀이를 해 보며 '아이들이 글쓰기를 이렇게 좋아했었나'하는 생각이 들었습니다. 그래서 책을 읽는 내내 즐거워하는 아이들의 모습이 머릿속에서 떠나지 않았습니다. 전국의 모든 선생님과 부모님들이 아이들과 함께 웃으며 놀이 글쓰기를 즐기시기를 기대해 봅니다.

포스트잇이라는 작은 공간에서 시작되는 글쓰기의 커다란 즐거움을 더 많은 독자들과 나누고 싶습니다.

경기도 구리남양주 교육지원청 장학사 최혜란

목차

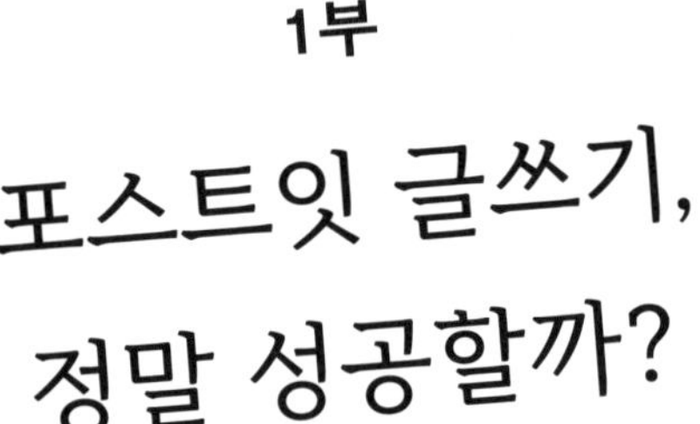

1부

포스트잇 글쓰기, 정말 성공할까?

글쓰기 책은 많은데 무엇이 문제일까?

오늘도 소현 씨는 대형 문고에서 아이들과 함께 글쓰기를 연습할 책을 고르고 있습니다. 방학동안 아이들이 쓴 일기장을 보며 충격을 받은 소현 씨는 이대로 내버려 두면 안 될 것 같은 생각이 들어서였죠. 한 줄 이상을 넘기지 못하는 단문, '재밌다, 좋았다, 싫었다' 등 지나치게 단순한 표현의 남발, 매일 거의 비슷한 내용 등... 아이들의 글쓰기 실력을 키워야 한다는 일념으로 며칠째 대형 문고에 들러 책을 고르기 시작했지만, 오늘도 선택하지 못했습니다. 마음에 꼭 드는 책을 찾지 못했기 때문이죠. 글쓰기를 싫어하는 아이들이 즐겁게 따라하면서 글쓰기 습관도 잡아주는 책 어디 없을까요?

대형 서점에서 한 번쯤 초등학생 글쓰기 책들을 검색해 보신 부모님이나 선생님들은 모두 잘 아실 거예요. 너무 많은 책들이 있다 보니 한 권을 고르기 힘들다는 것을 말이죠. 그래서 저희 습관코치들이 여러분 대신 초등학생용 글쓰기 책 수십 권을 검토하고 분석하였습니다.

기존 글쓰기 책의 한계점 3가지

저희는 기존 책들에서 몇 가지 아쉬운 점들을 발견할 수 있었어요.

1. 재미가 없고 어렵다.

어떤 책들은 초등학생들이 읽기에 재미가 없었어요. 지나치게 글쓰기 이론에 치우쳐 있거나 국어 학습지나 평가 문제집과 같이 딱딱하고 어려웠어요. 우리 어른들도 마찬가지잖아요. 어떤 분야에 입문하기 위해 첫 책을 고른다면, 일단 쉽고 재밌어야겠죠? 사실, 요즘 아이들은 그 어느 시대보다 흥미에 더욱 민감하죠. 초등학생 때 접하는 글쓰기 책이 지루하고 딱딱하다면, 글쓰기 습관을 형성하기가 너무 어려울 거예요. 원고지 사용법이 중요한 건 사실이지만, 글쓰기에 흥미를 붙이기도 전에 원고지로 가득한 책부터 본다면 아이들은 글쓰기를 어떻게 생각할까요? 글쓰기 책이 오히려 글쓰기를 더 싫어하게 만들 수도 있다는 사실을 명심하세요.

2. 시간이나 분량에 얽매인다.

많은 글쓰기 책들이 글쓰기 습관을 만들기 위해 글쓰는 데 들이는 시간이나 분량을 강조하고 있어요.

'매일 10분만 투자하세요'
'하루에 3줄만 쓰세요'
'한 달만 따라 해 보세요'
'1만 시간을 채워 보세요'
'매일 한 쪽씩 쓰세요'
등등

물론, 습관을 형성할 때 시간이나 분량도 중요합니다. 그러나 저희가 실제 현장에서 글쓰기 코칭을 하면서 느꼈던 점은, 흥미가 없는 글쓰기 활동은 '시간 때우기'로 전락할 수 있다는 점입니다. 우리가 아무 일을 하지 않아도 시간은 흘러가기 마련입니다. 그러므로 시간을 채우는 방식은 학생을 소극적으로 만들 수 있어요. 일정 분량을 채우는 방식도 바람직한 글쓰기 방식은 아닙니다. 그날그날 아이들의 감정과 동기부여 수준을 고려한 것이 아니니까요. 글쓰기를 좋아하는 성인들도 날마다 같은 분량으로 글을 쓰려고 하면 오히려 의욕이 줄어드는 것을 경험할 수 있어요. 글은 유기체와 같아서 어떤 때는 쑥쑥 자라기도 하고 어떤 때는 더디게 자라기도 하죠.

3. 티칭 위주다.

많은 글쓰기 책들은 일방향으로 학생에게 글쓰기에 관한 지식과 스킬을 강의하는 방식으로 쓰였습니다. 물론, 지식과 스킬을 가르치는 것도 중요하지만 더 중요한 것은 글쓰기 과정을 코칭하는 것입니다. 글쓰기 습관을 형성하려면 이론적인 지식보다 긍정적인 실전 경험이 필수니까요. 어문법 지식이 아무리 많더라도 글쓰기 자체를 싫어하는 경우도 있고, 지식은 별로 없지만 글쓰기 자체를 즐거워하며 매일 글을 쓰는 습관을 가질 수도 있죠. 글쓰기를 계속 해 나가기 위해서는 '자기주도적으로 즐겁게 글을 쓰는 습관'이 필요하며, 그러한 글쓰기 습관은 본질적으로 티칭보다는 코칭의 영역입니다.

자, 기존 글쓰기 책들의 한계점을 이해하셨을 것입니다. 흥미가 떨어지고 어렵습니다. 특정 규칙에 얽매이게 되는 티칭 위주 책이 많습니다. 저희는 그러한 글쓰기 책에서 벗어나고 싶습니다. 그래서 '포스트잇 놀이 글쓰기'를 코칭하는 일에 집중했습니다. 이제 왜 포스트잇 글쓰기가 강력한 도구인지 설명드릴까 합니다. 기대하는 마음으로 함께 할까요?

포스트잇 놀이 글쓰기의 강점 3가지

자 그렇다면 이제 포스트잇 글쓰기의 강점을 한번 살펴볼까요?

1. 재미있고 쉽다

주위를 보면, 게임하는 '습관'을 넘어서서 게임 '중독'으로 이어지는 아이들이 많죠. 왜 아이들이 게임에 빠지는 걸까요? 재미있고 쉽기 때문이죠. 습관이 성공적으로 형성되려면 재미있고 쉽게 시작해야 합니다. 포스트잇 글쓰기는 재미있고 쉽습니다. 글쓰기에 입문하는 초보들에게 하얀 백지는 두려움의 대상입니다. 우리 어른들도 백지를 채워야 하는 생각을 하면 막막한데 아이들은 오죽할까요? 그에 비해 포스트잇은 어떤가요? 다양한 모양의 포스트잇은 그 자체만으로 시각적 즐거움을 줍니다. 붙였다 떼었다 할 수 있는 촉감도 재미있죠? 어느 공간에서도, 어떤 사물과도 결합될 수 있어서 포스트잇은 우리의 창의력을 자극합니다.

포스트잇을 채우는 데에는 큰 노력과 결단이 필요하지 않습니다. 의지력과 절제력이 많이 필요한 습관일수록 형성하고 유지하기 어려운 법이죠. 심리적인 저항이 세니까요. 그러나 포스트잇은 재밌게 시작할 수 있고, 가볍게 이어갈 수 있습니다. 부담 없이 누구나 할 수 있습니다. 포스트잇은 문장 형태의 글을 쓰기 시작한 초등학생에게 최상의 도구입니다. 글쓰기가 두려운 성인도 포스트잇 글쓰기로 용기를 낼 수 있습니다. 포스트잇 글쓰기, 모든 이에게 강추합니다!

2. 횟수에 따라 내적 보상이 주어진다

포스트잇은 시간과 분량의 부담에서 비교적 자유롭습니다. 포스트잇 1장 채우는 것을 힘들어할 아이는 거의 없습니다. 더군다나 놀이를 통해 여러 명이 함께 채운다면 더 쉽고 재밌겠죠? 포스트잇 글쓰기는 횟수가 중요합니다. 누적해서 쓰면 쓸수록 보상이 증가합니다. 부모님의 칭찬이나 용돈과 같은 외부적인 보상이 없어도 됩니다. 완성된 포스트잇 자체가 강력한 보상이니까요. 이 조그만 메모지가 무슨 보상이 되겠냐고 반문하신다면 아래의 사진을 한번 보실까요?

유공작가'라는 닉네임을 가진 학생이 코칭 기간 동안 작성한 포스트잇 모음이에요.
이 정도면 '예술'이라고 불러도 되지 않을까요?

포스트잇 개수는 글을 쓴 횟수를 의미합니다. 아이들은 더 자주 글을 쓰게 되고, 더 자주 자신이 쓴 글에 노출됩니다. 자신이 작성한 포스트잇은 그 자체로 보상이자 동기를 부여하는 자극이 됩니다.

저희는 글쓰기 습관을 형성하는 데 시간이나 분량보다 횟수가 더 중요하다고 생각합니다. 저희는 1만 시간의 법칙보다 1만 번의 법칙을 더 신뢰합니다. 포스트잇 글쓰기 코칭을 통해 받은 폭발적인 반응이 저희의 믿음을 증명하고 있습니다.

3. 티칭보다 코칭 위주다

포스트잇은 작습니다. 그래서 그 안에는 선생님이 빨간 펜으로 맞춤법을 교정하거나 신랄한(?) 평가 멘트를 적을 공간도 부족하죠. 저희는 오히려 그 점이 마음에 듭니다. 또한 포스트잇은 언제든지 서로 공유하고 돌려서 읽기 편리합니다. 포스트잇은 티칭보다 코칭에 더 적합한 도구입니다. 서로가 작성한 포스트잇을 보며 좋은 자극을 받을 수 있죠.

포스트잇 놀이 글쓰기에는 굳이 선생님이 필요하지 않습니다. 코치쌤도 함께 참여해서 즐겁게 놀이를 즐기면 됩니다. 아이들의 번쩍이는 아이디어로 작성한 기발한 문장들이 코치쌤들의 진부한 문장보다

나을 때도 많죠. 포스트잇 놀이 글쓰기를 통해 우리는 일방향 티칭 관계에서 벗어나 서로 돕고 협업하며 즐기는 코칭을 추구할 수 있습니다. 포스트잇 글쓰기로 전통적인 티칭을 타파하고 코칭의 세계에 참여해 보세요!

포스트잇은 어떻게 발명되었을까?

1973년에 3M사의 연구원 스펜서 실버(Spencer Silver)는 강력 접착제를 개발하던 중 실수로 접착력이 약하면서 끈적임이 없는 접착제를 만들게 됐습니다. 접착제로서는 실패물이었지만, 그는 포기하지 않고 연구에 몰두하여 마침내 1977년에 메모지로도 활용 가능한 「포스트 스틱 노트」(Post-stick note; 이후 Post-it으로 변경함)를 출시하였죠.

포스트잇을 대중화시킨 사람은 같은 연구소 직원인 아서 프라이(Arthur Fry)였습니다. 포스트잇은 처음 출시되었을 때 용도가 불명확하다는 이유로 판매에 실패했습니다. 그러나 프라이는 좌절하지 않고 500대 기업의 비서들에게 포스트잇 견본품을 보냈습니다. 그것을 써 본 비서들은 포스트잇에 매료되었고 그때부터 날개 돋친 듯 팔리기 시작했죠.

포기하지 않고 실패를 성공으로 바꾼 실버와 프라이 두 연구원 덕분에 우리는 편리하게 포스트잇을 사용하게 된 것입니다. 포스트잇은 AP통신이 선정한 '20세기 10대 히트상품'에도 포함되는 명예를 안았습니다.

출처: <네이버 지식백과 참고>

누가 포스트잇 글쓰기를 할까?

1. 습관은 정체성에서 시작한다

우리는 습관에 접근할 때 지나치게 '어떻게(How)'에 집착하는 경향이 있습니다. 대체로 이렇게 생각하죠.

어떻게 하면 글을 잘 쓸까?
어떻게 하면 공부를 잘할까?
어떻게 하면 체력이 좋아질까?
어떻게 하면 돈을 많이 벌까?

그러나 How보다 선행되어야 할 질문은 Who, 바로 '정체성'에 관한 질문입니다. 행동으로 드러난 습관이 열매라면, 정체성은 습관이 시작되는 뿌리라고 할 수 있습니다. [아주 작은 습관의 힘]에서 제임스 클리어가 강조했듯이, '습관은 정체성을 형성하는 가장 큰 증거'입니다. '습관을 세운다는 것은 자기 자신을 만들어 나가는 과정'입니다.

우리가 어떤 습관을 형성할 때 자신에게 던져야 할 가장 중요한 질문은 이것입니다.

나는 진정 어떤 사람이 되고 싶은가?

습관은 우리가 추구하는 정체성과 맞아떨어질 때 효과적으로 형성될 수 있습니다. 심리학이 밝혔듯이, 사람들은 자신의 정체성에 맞는 행동을 의식적으로 또는 무의식적으로 강화하는 경향이 있습니다. 글쓰기도 마찬가지입니다. 우리는 속성 글쓰기 비법이나 비결에 집착할 것이 아니라, 아이들이 글을 쓰는 사람의 정체성을 가지고 살도록 도와주어야 합니다. 글 쓰는 사람의 정체성을 가지고 있으면, 오랫동안 행복하게 글을 쓸 수 있습니다. 그래서 저희 코치들은 필명을 짓는 것부터 시작합니다. 정체성의 시작은 이름이니까요.

2. 정체성은 필명에서 시작한다

여러분의 이름은 누가 지어주셨나요? 만약 우리가 자신의 이름을 스스로 지을 수 있다면 어떨까요? 굉장히 특별한 경험 아닐까요? 일부 유명인들을 제외하면 우리 같은 일반인들은 예명이나 필명을 가지고 있지 않죠. 하지만 이제는 캐릭터의 시대, 아바타의 시대 아닌가요? 자신의 정체성을 반영하는 필명을 즐겁게 지어보면 어떨까요?

저희는 어떤 종류의 글쓰기 코치를 하든 필명을 짓는 것부터 시작합니다. 자신이 가장 좋아하는 작가를 떠올려도 좋습니다. 요즘에는 학생들이 유튜버나 크리에이터의 필명을 쓰는 경우도 많습니다. 자신이 되고 싶은 어떤 롤모델도 좋고, 가상에 존재하는 만화나 영화 캐릭터도 좋습니다. 아이들과 함께 필명을 짓는 시간을 가지세요. 필명을 지은 후에 그 필명에 걸맞게 생각하고 행동하세요. 그 필명은 강력한 동기부여가 될 것입니다.

사실, 저희는 아이들에게 필명 짓기를 하나의 놀이처럼 가볍게 권유합니다. 첫 글쓰기 시간에 필명 짓기는 어색함을 깨는 아이스 브레이크의 효과도 있으니까요. 필명을 소개하고 그렇게 지은 이유를 서로서로 나누다 보면 자연스럽게 자기소개도 하게 되고 가까워지기도 하죠.

그런데 재밌는 점은, 참여한 아이들 누구도 필명을 대충 짓지 않는다는 것입니다. 아이들은 정성스레 필명을 정합니다. 오히려 저희보다 더 진지하게 임하는 모습을 보며 감명(?)을 받기도 하죠. 그만큼 아이들은 이름과 정체성을 중요하게 생각합니다. 아이들이 어른들보다 더 올바른 방법으로 습관의 첫 단추를 조여 매는 모습을 보면서 깨닫는 것이 있습니다. 아이들은 습관이 정체성에서 시작된다는 것을 잘 알고 있어요. 우리 어른들이 아이들에게 매일 각종 '비법'과 '비결'을 강요하느라 망쳐놓은 것이죠. 우리가 먼저 반성해야 하겠습니다.

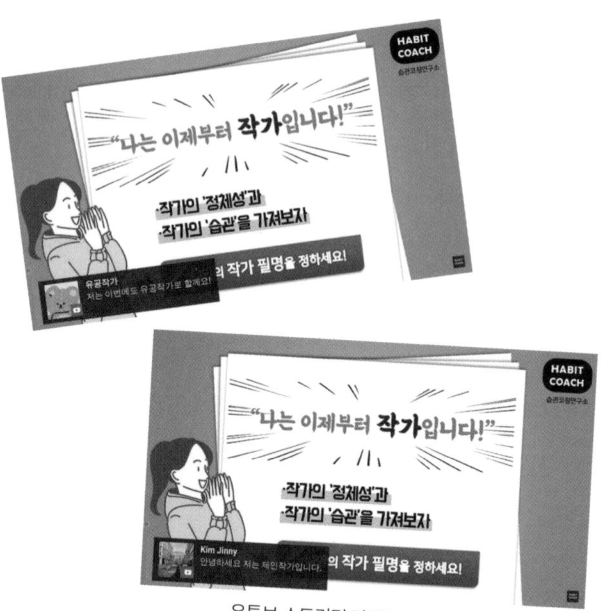

유튜브 스트리밍 강의 중 필명을 짓는 장면이에요.
여러분도 자신만의 작가 필명을 지어보세요!

필명짓기는 긍정적인 자아감을 형성합니다. 필명은 글쓰기에 자신감을 불어넣는 참신한 방법이죠. 몇 주에 걸쳐 글쓰기 수업을 진행하다 보면, 중간에 필명을 바꾸는 아이도 생깁니다. 짧은 기간이지만 자신의 정체성을 바꾸어 나가는 것이죠. 그것이 진정한 '자기 주도적 학습'입니다. 아이들은 자신의 새로운 이름과 정체성에 맞게 자신을 가꾸어갑니다. 그리고 정체성에 맞는 글을 쓰려고 노력합니다. 정체성에서 시작된 자기 주도적 글쓰기는 좋은 글쓰기 습관으로 이어질 가능성이 매우 높습니다. '포스트잇(post-it)'이 '그레잇(great)'으로 점차 업그레이드 되는 것이죠.

3. 포스트잇에서 그레잇 글쓰기로 성장한다

사실, 저희 코치쌤들은 평범한 직장인들입니다. 교사, 행정 공무원, 회사원들이죠. 전문 작가도 아니고 국문학 전공자도 아닙니다. 평범한 직장인인 저희가 포스트잇 글쓰기에 착안하게 된 것은 저희 자신이 포스트잇 광이기 때문이죠. 이 글을 작성하고 있는 책상에도 이미 여러 장의 포스트잇이 붙어 있습니다. 수첩에도 메모가 가득하며 스마트폰 메모장에도 메모가 넘칩니다. 저희가 읽고 분석하는 각종 서적들에도 지저분할 정도로 메모가 많이 붙어 있습니다. 저희는 회의할 때도 아날로그와 디지털 도구를 총동원하여 메모를 합니다. 저희 블로그를 보시면 거의 매일 글이 올라오는 걸 확인할 수 있어요. 작은 메모와 포스트잇이 모여 멋진 글이 된 것이죠. 포스트잇에서 시작한 쉽고 작은 글쓰기가 점점 다양한 글쓰기로 발전된 것입니다. 포스트잇에서 그레잇으로 성장한 것이죠.

어떻게 포스트잇 글쓰기를 할까?

1. 포스트잇을 준비하자

가장 먼저 준비할 것은 포스트잇입니다. 문구점이나 마트에 가보시면 놀라움으로 이렇게 외칠지도 몰라요.

"세상에 이렇게 다양한 포스트잇이 있었어?!!"

사무실에 넘쳐나는 네모난 노란색 포스트잇을 고집하지 않아도 됩니다. 사고의 유연성을 기르고 싶다면 오히려 네모를 벗어나세요. 부모님이나 선생님이 골라주기보다 아이들이 직접 포스트잇을 고르게 해주세요. 답답하고 틀에 박힌 원고지에서 벗어나 자신이 좋아하는 캐릭터가 그려진 포스트잇 위에 글을 쓰며 아이들은 얼마나 신이 날까요?

시중 문구점을 가보면 참으로 다양한 포스트잇을 접할 수 있어요.
나만의 포스트잇을 고르는 재미를 느껴볼까요?

아이들이 부담 없이 쉽게 글쓰기를 시작하려면 작은 포스트잇이 좋습니다. 글쓰기 실력이 점차 향상되면 그 수준에 맞게 더 큰 포스트잇을 준비하면 됩니다. 언젠가는 원고지 1장을 채우고 A4용지 1장을 채울 날이 올 것입니다. 작은 습관이 쌓이다 보면 한 편의 멋진 글도 탄생할 거고요, 자신만의 책을 쓰게 되는 날이 올 수도 있을 거예요.

2. 필기구를 준비하자

포스트잇과 더불어 필기구를 준비해야겠죠? 꼭 연필이 아니어도 괜찮습니다. 사인펜이나 색볼펜, 형광펜 등 아이가 원하는 필기구를 준비하면 됩니다. 포스트잇에 간단한 그림이나 이미지를 그리는 아이도 있습니다. 또 색칠을 좋아하는 아이도 있습니다. 아이들이 좋아하는 필기구를 준비하면 됩니다.

3. 그림, 도형, 이미지도 그려보자

포스트잇에 글자만 적어야 한다고 생각할 필요는 전혀 없습니다. 아이들은 글보다 그림이나 이미지와 더 친숙합니다. 글씨와 그림을 섞어서 자신만의 방법으로 포스트잇을 꾸미는 것 자체가 즐거운 일입니다. 포스트잇을 활용해 간단한 그림일기를 써 보게 하는 것은 어떨까요? 아이들의 그림을 낙서로 치부하지 말고 칭찬하고 격려해 주세요. 그림이든 글이든 포스트잇을 가지고 즐겁게 놀면서 펜을 놓지 않는 것, 그것이 습관의 첫걸음이니까요.

그림과 글씨를 잘 조합하면, 각각의 포스트잇은 만화 컷처럼 보여요. 어때요? 소장하고 싶어지죠?

포스트잇에 아이들과 간단한 마인드맵을 그려보는 것도 좋습니다. 아래 예시와 같이 마인드맵 중심 상위어 키워드를 적고, 키워드 주변에 하위어를 적어보면 어떨까요?

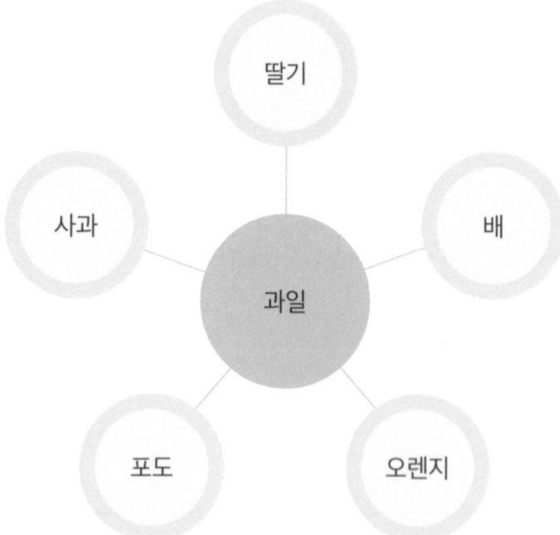

상위어와 하위어를 습득하며 개념 사이의 관계를 자연스럽게 익힐 수 있습니다. 또한, 다양한 하위어를 생각해내며 어휘력과 사고력을 기를 수도 있겠죠?

4. 포스트잇, 어디에 붙일까?

포스트잇이 일반 메모지와 다른 점은 '접착력'과 '이동성'이죠. 어디든 떼었다 붙였다 할 수 있는 장점을 활용해야 합니다. 어떤 아이들은 글쓰기보다 포스트잇을 붙이는 활동 자체를 더 좋아하기도 하죠. 자, 어디에 붙이면 좋을까요? 어른들은 주로 포스트잇을 사무용 PC나 냉장고에 붙이곤 합니다. 아이들이 스스로 의미 있는 공간을 찾을 수 있도록 도와주어야겠죠? 저희 코칭 경험상, 아이들이 포스트잇을 가장 많이 부착하는 장소는 자신의 방에 있는 벽입니다. 아이들은 자신의 방을 자신이 직접 쓴 글로 채워나가며 뿌듯함과 자신감을 느낍니다. 먼 훗날 돌아보면 소소하지만 즐거운 추억이 될 것입니다.

포스트잇으로 벽을 채우는 것은 감성적인 측면에서도 이점이 있지만, 더 큰 효과는 글쓰기 습관 형성과 관련된 것입니다. 포스트잇으로 벽을 채우는 활동은 일종의 '환경 재설정'입니다. 자신에게 특정 습관이 더 쉽고 더 즐겁고 더 매력적으로 느끼도록 환경을 재설정하는 것이죠. 아이들은 자신이 쓴 글로 재설정된 환경에서 더 큰 동기부여를 얻게 되고, 이것이 또 하나의 자극이 되어 다시 펜을 잡게 되는 것이죠. 심리학 이론서에서나 볼 수 있었던 습관의 '선순환'이 일어나는 모습을 눈앞에서 확인하실 수 있습니다.

누적된 포스트잇은 습관의 선순환을 가장 잘 보여주는 사례입니다.

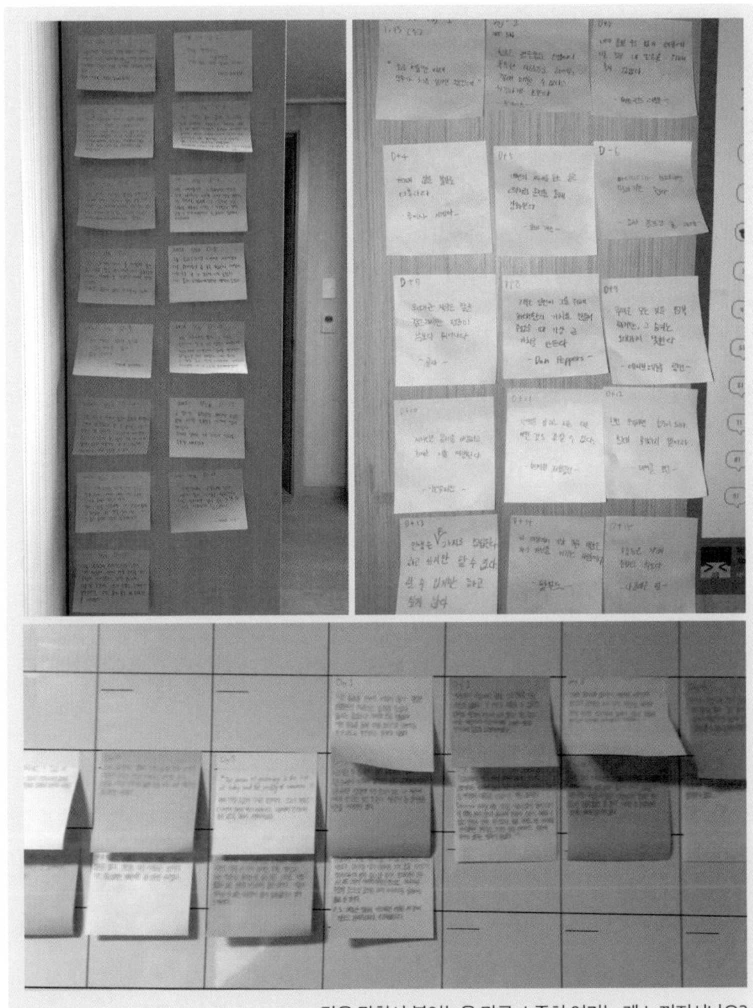

각을 맞춰서 붙여놓을 만큼 소중히 여기는 게 느껴지시나요?

꼭 벽이 아니라도 좋습니다. 자신만의 참신한 장소나 소중한 물건에 포스트잇을 붙일 수도 있죠. 예를 들어, 아이가 매일 아침마다 포스트잇에 명언이나 격언을 두세 줄씩 필사한다고 가정해 볼까요? 아이는 그 포스트잇을 자신의 필통이나 휴대폰 등에 붙여놓을 수 있죠. 온종일 그 명언과 함께하도록 말이에요. 근사하지 않나요? 이미 역사적으로 유태인들은 구약성경의 내용을 적어 '테필린'이라는 검정 상자에 넣고 띠로 둘러서 착용하고 다녔다고 합니다. 그러한 습관이 유태인들을 더 똑똑하게 만든 것은 아닐까요?

포스트잇으로 글쓰기 워밍업!

1. 짧은 일기 쓰기

아이들에게 자유주제로 포스트잇에 글을 써 보라고 하면, 가장 많이 쓰는 글은 아무래도 일기 글입니다. 두세 문장으로 그날 있었던 일을 간단하게 써 보는 것이죠. 어른들의 시선으로 보면 내용이 빈약해 보일 수도 있습니다. '그래도 일기를 쓰려면 한 문단을 써야지, 이게 뭐람!'이라는 생각이 들 수도 있죠. 그래도 칭찬하고 격려해 주세요. 내용이 허술해도 일단 아이가 원하는 보이는 곳에 그 포스트잇을 붙이세요.

포스트잇은 누적되는 글들이 한눈에 보이기 때문에 매일 같은 내용을 쓰려는 아이는 거의 없습니다. 일기장과 비교해보세요. 일기장은 들춰보지 않으면 예전에 썼던 내용이 무엇인지 알 수 없죠. 그래서 어떤 아이들은 어른들의 눈을 피해 과거의 일기를 그대로 옮기기, 일명 '복붙'을 하는 것입니다. 당연히 글쓰기 실력이 늘 수가 없겠죠? 그에 비해 포스트잇은 어제, 그제 쓴 내용이 한눈에 다 파악되고 비교되기 때문에 아이들은 예전에 자신이 쓴 글을 의식하게 됩니다. 예전과 다른 내용을 쓰려고 스스로 노력하게 됩니다.

매일 한 장의 원칙에도 얽매일 필요 없습니다. 아이들도 '필(?)' 받으면 포스트잇 한 장으로 성에 차지 않습니다. 한 번에 두세 장을 쓸 수도 있죠. 그때 우리 어른들이 해야 할 일은 두 배 세 배 칭찬을 해주는 것뿐입니다.

2. 짧은 관찰 글쓰기

이 세상에는 범인을 지나가듯 한번 쓱 훑어보았을 뿐인데 범인의 모습을 사진처럼 몽타주로 재현해 내는 전문가들이 있습니다. 자연 속 동식물에 착안하여 세상을 깜짝 놀라게 하는 발명품을 만든 발명가들도 있습니다. 어떤 사물이나 인물에 대해 천재적인 통찰이 돋보이는 놀라운 글을 쓰는 작가들도 있죠. 이들의 공통점은 무엇일까요?

바로, '관찰력'입니다. 아이들이 글쓰기를 어려워하는 이유 중 하나는 충분히 관찰하지 않았기 때문입니다. 관찰할 여유를 주지 않은 채 글쓰기를 강요하면 좋은 글이 나올 수 없겠죠? 아이들에게 어떤 사물이나 인물에 대해 관찰할 수 있는 충분한 시간과 여유를 주고 포스트잇에 관찰 글쓰기를 연습하면 좋습니다.

관찰력의 힘을 보여주는 시를 한 편 소개할게요. 심도 있는 관찰을 통해 모녀간의 평범한 모습이 얼마나 생동감 있게 표현되었는지 감상해 볼까요?

<모녀>, 김기택

딸의 얼굴이 조금 들어가 있는 엄마가
소곤소곤 뭐라고 이야기하고 있다
딸이 엄마의 웃음을 똑같이 그리며 웃고 있다
두 웃음이 하나의 얼굴에서 웃는다
엄마가 나직나직 이야기할 때
두 얼굴은 모두 엄마가 되었다가
딸이 생글생글 이야기하면
두 얼굴은 금방 명랑한 얼굴이 되곤 한다
두 몸에서 나온 하나의 얼굴
두 얼굴에 맞붙어 있는 한 눈, 한 웃음
한 웃음 속의 두 입, 두 웃음소리

...(중략)...

십대 엄마와 사십대 딸

출처: 김기택 <갈라진다 갈라진다> 문학과지성사

관찰하는 글을 쓸 때에는 어떤 대상의 색깔, 모양, 크기 등에 대한 설명을 적도록 도와주면 좋습니다. 위 → 아래, 왼쪽 → 오른쪽 등 시선의 방향에 따라 관찰하여 글을 써도 좋습니다. 인물의 얼굴이나 인상, 특정 동작을 관찰한 글도 좋고요. 동식물을 좋아하는 아이라면, 그 대상을 미세하게 관찰한 글도 좋습니다. 자신이 관찰한 것을 생각만 하는 것과 직접 글로 표현하는 것은 상상하기 힘들 정도로 차이가 큽니다. 글쓰기로 성공한 사람치고 관찰하는 글을 소홀히 여긴 사람은 없습니다.

아파트 경비아저씨는
매일 아침 낙엽을 쓴다.
쓸고 쓸고 또 쓰신다.
웃으면서 맞이해주신다.
하지만 무엇인가
아저씨의 슬픔이 보인다.
왜 일까?

포스트잇에는 짧지만 예리한 통찰이 담길 수 있습니다.

3. 짧은 문장 필사하기

필사만큼 좋은 글쓰기 활동이 얼마나 있을까요? 특히 정신이 막 깨어나는 아침을 좋은 글로 시작하는 습관은 시대와 문화를 막론하고 거의 모든 성공한 사람들이 가진 공통적인 습관이라고 할 수 있죠. 좋은 글을 매일 보는 것만으로도 좋다면, 그것을 매일 직접 쓴다면 도대체 얼마나 좋은 걸까요? 심지어 매일 좋은 글을 가지고 다니고, 음미하고, 암송까지 한다면요? 여러분은 아마 매일 아이들을 업고 다닐 정도로 행복해질 것입니다. 아이들에게 필사를 강요하기보다 함께 하면 더 좋습니다.

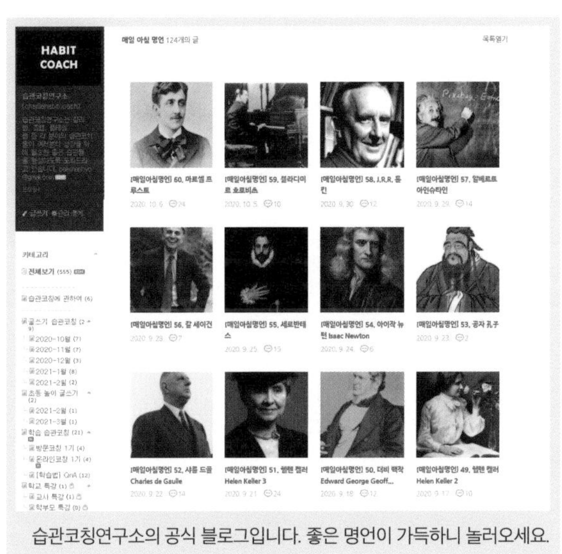

습관코칭연구소의 공식 블로그입니다. 좋은 명언이 가득하니 놀러오세요.

시중에는 이미 헤아릴 수 없을 정도로 많은 명언집과 격언집이 있으며 관련 사이트, 앱 등도 넘쳐납니다. 저희 습관코칭연구소 블로그도 자주 명언과 격언을 포스팅하는데요, 그만큼 늘 좋은 문장을 가까이하려는 몸부림이라고 할 수 있겠습니다.

4. 간단히 요약하기(감상하기)

정보의 홍수 시대에 사는 현대인들은 '요약과 정리'의 과제에서 벗어날 수 없죠. 포스트잇은 요약하는 글쓰기를 연습할 수 있는 좋은 도구가 됩니다. 아이들에게 독서를 한 뒤 독서록이나 독후감을 작성하라고 하면 아이들은 부담감에 몸을 배배 꼬게 마련이죠. 포스트잇에 두세 문장 쓰기부터 시작하면 좋습니다.

원인과 결과 형식으로 간단히 작성할 수도 있고, 처음-중간-끝 순서로 작성할 수도 있죠. 또는 주인공의 변화 전, 후의 모습을 비교하는 글을 써도 좋고요, 배울 점이나 본받을 점을 정리해도 좋습니다.

또한, 앞에서 다룬 '필사'와 병행해서 요약하는 글쓰기를 연습해보면 더 유익합니다. 예를 들어, 아이에게 이렇게 제안하는 것이죠.

"○○야, 우리 이번 책에서 가장 기억이 남는 문장을 하나 골라서 포스트잇에 적어보고, 이 책을 읽으며 느낀 점을 한 문장으로 적어볼까?"

아이들은 느낀 점을 한 문장으로 적어 보라고 하면 이렇게 적는 경우가 많습니다.

'이 책은 너무 재밌었다.'

'○○○의 용기가 멋있었다.'

'나도 ○○○처럼 착하게 살아야겠다.'

코치 쌤은 아이에게 '어떤 점이 재밌었는지, 왜 재밌었는지, 만약에 아이가 주인공이라면 어떻게 행동했을지' 등 추가 질문을 덧붙여 글을 더 이어가도록 인도할 수 있습니다.

생각해 보면, 우리 어른들도 바쁜 생활 속에서 책이나 영화를 고를 때 '한 줄 평' '한 줄 후기'에 눈이 갑니다. 효율성을 고려하여 책이나 영화 전체를 아우를 수 있는 요약된 정보를 찾는 것이죠. 앞으로 우리 아이들이 주역이 될 시대는 더욱 압축된 정보가 중요해질 것입니다. 무한한 정보의 우주에서 꼭 필요한 정보를 기록하고, 그 정보에 집중하는 습관! 포스트잇 글쓰기가 왜 중요한지 다시 한번 실감할 수 있죠?

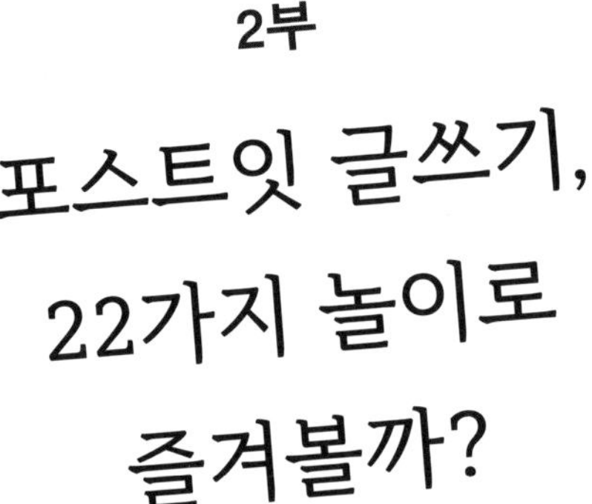

2부

포스트잇 글쓰기, 22가지 놀이로 즐겨볼까?

이제 기대하던 시간이 왔습니다. 포스트잇 글쓰기를 놀이로 즐겨볼 시간입니다. 준비되셨나요? 여러 가지 놀이 글쓰기를 함께 즐긴 뒤에 어떤 놀이가 가장 재밌었는지, 유익했는지 나눠보면 좋겠습니다. 놀이에서 사용했던 포스트잇은 버리지 말고 나만의 장소에 붙여주세요. 소소한 추억이 될 것입니다. 놀이마다 난이도를 표시했으니 참고해 주세요.

난이도 표시

★ 초등 저학년 가능
★★ 3-4학년 권장
★★★ 4-5학년 권장
★★★★ 5-6학년 권장
★★★★★ 6학년 이상 권장

참고 사항

저희는 이 책에서 인도자를 '코치 쌤'이라고 표현하였습니다. 여기서 말하는 코치 쌤은 학교나 학원 선생님이 될 수도 있고, 부모님이 될 수도 있습니다. 누구나 아이들과 함께 하는 코치가 될 수 있어요.

이 책에 제시된 놀이는 20명 안팎의 대그룹으로도 가능하고 2-3명의 소그룹으로도 가능합니다. 만약, 부모님이 자녀들과 놀이를 즐긴다면, 부모님도 함께 참여하면 되겠죠? 책에 소개된 22개의 놀이를 마음껏 즐기시고, 창의적으로 변형하여 자신만의 놀이도 만들어 보세요. 아이들의 글쓰기 실력과 창의력이 쑥쑥 성장할 것입니다.

놀이 순서

★	1. 나를 동물로 소개하기 2. 연결어 뽑기 놀이 변형 놀이 ★★ 3. 꾸미는 말 넣기 4. 딱 하루만 동물로 살 수 있다면? 글 써 보기 5. 키워드 맞히기 변형 놀이 ★★★
★★	6 물건의 다른 용도 떠올려 써보기 7. 글로 쇼핑하기 변형 놀이 1 ★★★ 변형 놀이 2 ★★ 8. 유튜브 썸네일 문구 짓기 9. 신체부위를 이용해 문장 만들기

★★★	10. 공통점과 차이점 찾기(비교 · 대조하기) 11. 초성 키워드로 문장 만들기 12. 음식 이름 맞히는 퀴즈 만들기 13. 과거·현재·미래 쓰기 변형 놀이 ★★★ 14. 세 단어 문장 만들기 15. 엉뚱한 주장에 대해 근거 생각하기 16. 자신이 좋아하는 것 비유하기 변형 놀이 ★★★★★ 17. 동시 채우기 18. 동음이의어가 들어간 문장 만들기 변형 놀이 ★★★★
★★★★	19. 서술어를 바꾸어 구체적인 문장 만들기 20. 의성어+의태어 뽑기 놀이 21. 과일이나 동물 이름으로 언어유희하기 22. 속담이나 관용표현이 들어간 문장 만들기 변형 놀이 1 ★★ 변형 놀이 2 ★★★★★

1. 나를 동물로 소개하기

자신을 동물로 소개하는 글을 발표하며 놀이를 시작해보자.

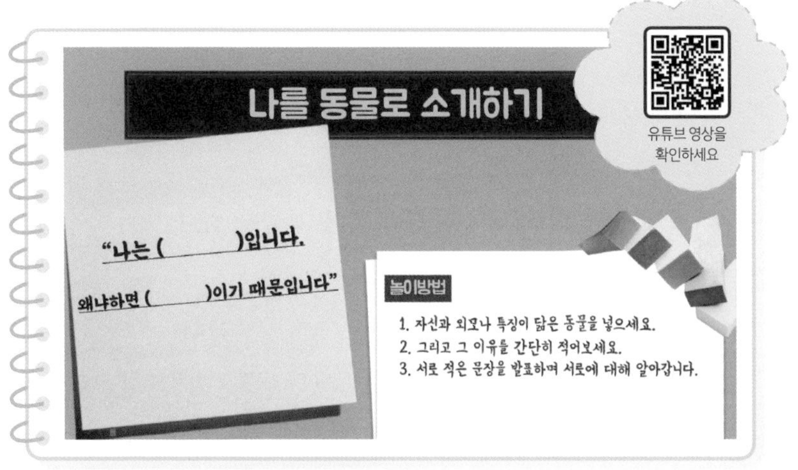

나를 동물로 소개하기
유튜브 영상을
확인하세요
"나는 ( )입니다.
왜냐하면 ( )이기 때문입니다"
놀이방법
1. 자신과 외모나 특징이 닮은 동물을 넣으세요.
2. 그리고 그 이유를 간단히 적어보세요.
3. 서로 적은 문장을 발표하며 서로에 대해 알아갑니다.

놀이 방법

1. 코치 쌤은 아이들이 자신의 외모나 특징과 닮은 동물을 생각해 보도록 합니다.
2. 아이들은 주어진 문장의 빈칸을 채워 자신을 소개하는 간단한 글을 작성합니다.
3. 아이들은 각자 작성한 문장을 읽으며 자신을 소개합니다.

놀이 효과

글쓰기 수업 시 아이스 브레이킹 활동으로 활용할 수 있습니다
재밌는 소개를 통해 아이들의 마음을 열어줍니다.

놀이 예시

코치 쌤은 자신의 외모나 특징과 닮은 동물을 하나 생각해서 아래와 같이 글로 쓰라고 하셨어요.

나는 (   )입니다. 왜냐하면 (   ) 때문입니다.'

코치 쌤은 이렇게 예를 들어 주셨어요.

'나는 (올빼미)입니다. 왜냐하면 (늦게까지 안 자고 깨어서 노는 것을 좋아하기) 때문입니다.'

현우는 자신이 뒹굴뒹굴하는 걸 좋아했기 때문에 이렇게 자신을 소개했어요.

'나는 (코알라)입니다. 왜냐하면 (집에서 뒹굴뒹굴하며 먹는 걸 좋아하기) 때문입니다.'

현준이는 자신이 말을 많이 한다고 생각하고 앵무새를 떠올렸어요.

'나는 (앵무새)입니다. 왜냐하면 (같은 말을 계속 반복하면서 말이 많기) 때문입니다.'

그러자 친구들이 현우와 현준이에게 너무 잘한다며 박수를 쳤어요.

놀이 꿀팁

▶ 닮은 동물을 생각할 때 지나치게 겉모습만 생각할 필요가 없다는 것을 알려주세요. 동물의 행동이나 습성 등을 상상하며 소개하는 글을 쓴다면 더욱 재밌을 거예요.

▶ 동물이 아닌 식물, 곤충, 일상용품 등 창의적으로 변형해서 아이들과 놀이를 즐겨보세요. 예를 들어, 과학 시간에 곤충의 종류에 대해 배웠다면, 자신을 곤충으로 소개하는 포스트잇 글쓰기를 접목시키면 더욱 좋겠죠?

포스트잇으로 놀이 글쓰기를 즐겨볼까요?

→ 나를 동물로 소개해 보세요.

나는 (____________________) 입니다.

왜냐하면

(________________________________

________________________________)

이기 때문입니다.

2. 연결어 뽑기 놀이 ★

나만의 연결어를 뽑아서 주어진 문장에 이어지는 문장을 창의적으로 만들어 보자!

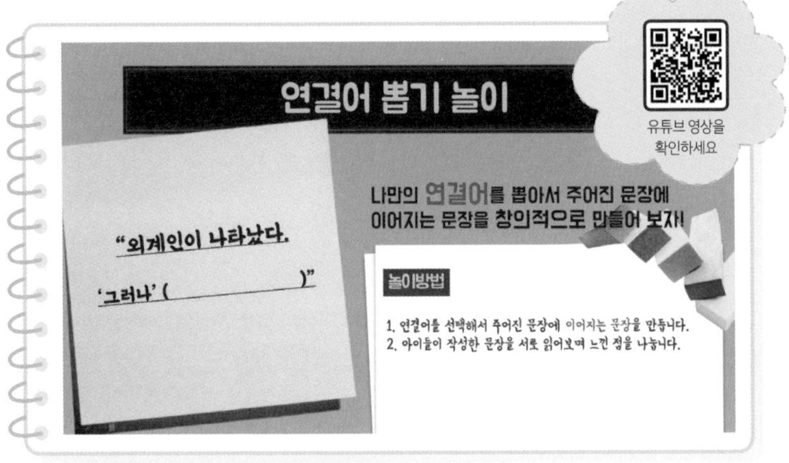

놀이 방법

1. 코치 쌤은 문장을 제시하고 연결어를 보여줍니다.
2. 아이들은 연결어 중 한 개를 선택해서 주어진 문장에 이어지는 문장을 만듭니다.
3. 아이들은 서로 작성한 문장을 읽어보며 느낀 점을 나눕니다.

놀이 효과

다양한 연결어를 자연스럽게 익힐 수 있습니다.
창의적으로 문장의 흐름을 익힐 수 있습니다.

놀이 예시

코치 쌤은 '연결어'를 보여주며 문장을 제시했어요. 문장은 다음과 같았어요.

'무시무시하게 생긴 외계인들이 가득 탄 우주선이 지구를 정복하기 위해 지구를 향해 돌진하고 있어요.'

시원이는 '그러나'를 선택했어요. 시원이는 이렇게 문장을 만들었어요.

'그러나 어벤져스들이 그 우주선을 막아서 지구를 지켜주었어요.'

시원이는 친구들이 만든 문장들을 보니 재미있었어요. 친구들과 서로 다른 연결어를 다시 뽑아서 글쓰기 놀이를 계속했어요.

'그러나 외계인들은 마음을 고치고 친구가 되었어요.'

놀이 꿀팁

▶ 연결어 목록을 제시하면 아이들이 쉽게 이해하겠죠?

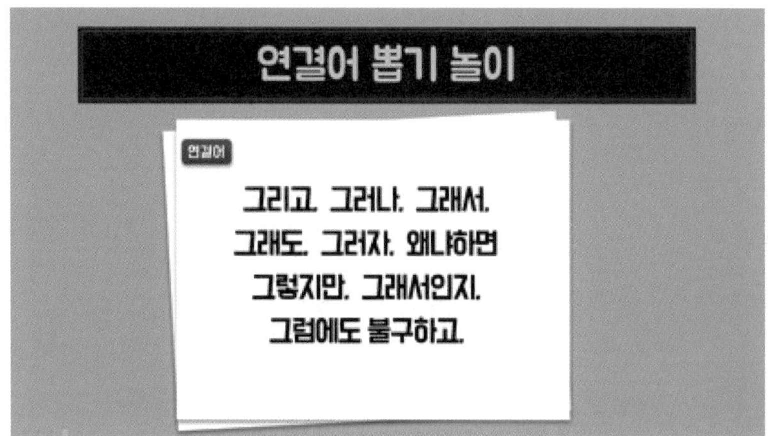

연결어가 많을수록 재미있겠죠? 창의적으로 만들어 보세요!

▶ 아이들은 주로 '반대의 논리적 흐름이 이어지는 역접'을 고르곤 합니다. 코치 쌤은 아이들이 잘 고르지 않는 연결어를 발표할 때 인상 깊은 칭찬을 하여 다양한 연결어를 고르도록 격려합니다.

▶ 문장은 구체적일수록 효과적일 것입니다. 일상적인 내용보다도 동화나 소설 속 이야기의 한 장면과 같이 상상력을 자극하는 문장을 제시한다면, 아이들의 창의력 향상에 더 도움이 될 거예요.

문장 제시 예)

-빨간 모자를 쓴 소녀는 늑대를 피해 수풀에 숨었어요.
-왕자는 목숨을 건 싸움 끝에 드디어 용을 물리치고 공주를 구해냈어요.
-깊은 밤 그 도둑은 빈집에 몰래 침입해 안방에 숨겨진 금고를 찾아서 열었어요.
-그 형제는 한참을 엉켜서 싸우다가 부모님이 부르는 소리에 놀라 서로 물러섰어요.
-미치광이 과학자는 누구든지 한 모금만 마셔도 동물로 변하는 음료를 발명했어요.

변형 놀이 ★★

▶ 아이들이 연결어 놀이를 쉽게 받아들이면 연결어를 고르게 하지 말고, 연결어를 뽑도록 할 수 있어요. 그러면 난이도가 조금 올라가겠죠?

포스트잇으로 놀이 글쓰기를 즐겨볼까요?

→ 연결어를 뽑아서 주어진 문장에 이어지는 글을 창의적으로 만들어 보세요.

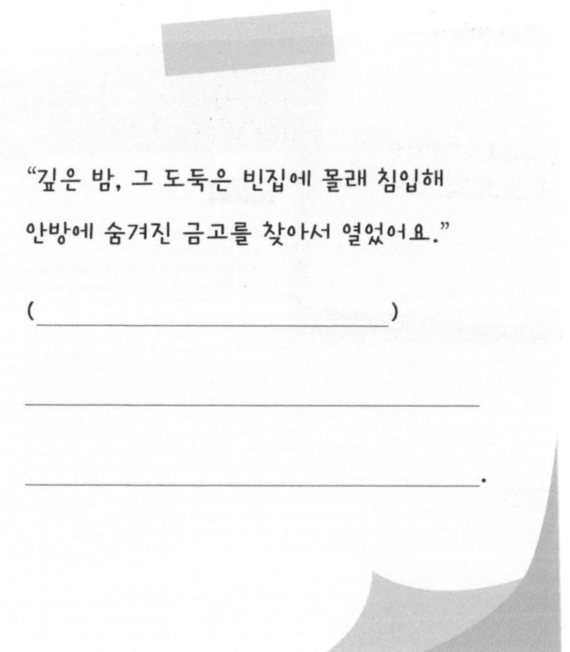

"깊은 밤, 그 도둑은 빈집에 몰래 침입해
안방에 숨겨진 금고를 찾아서 열었어요."
( )
.

연결어 : 그리고, 그러나, 그래서, 왜냐하면, 그렇지만, 그래서인지
그럼에도 불구하고, 그래도, 그러자, 하지만, 그 때, 그런데

3. 꾸미는 말 넣기 ★

빈칸에 창의적으로 꾸미는 말을 넣어서 문장을 완성해 보자!

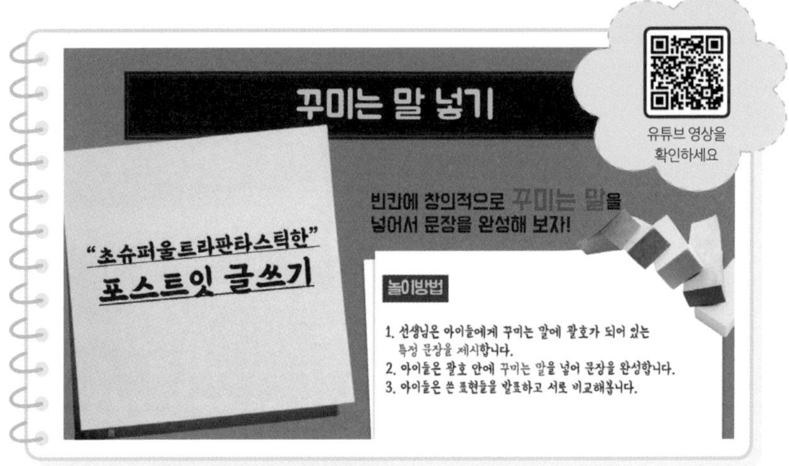

놀이 방법

1. 코치 쌤은 아이들에게 꾸미는 말에 괄호가 들어간 특정 문장을 제시합니다.
2. 아이들은 괄호 안에 꾸미는 말을 넣어 문장을 완성합니다.
3. 아이들이 쓴 표현들을 비교해봅니다.

놀이 효과

문장의 구조를 이해하는 데 도움이 됩니다.
다양한 수식어를 통해 긴 문장 만드는 연습을 하게 됩니다.

놀이 예시

코치 쌤은 아래와 같은 문장을 제시한 뒤에 괄호 안에 들어갈 말을 만들어 보라고 했어요.

내 동생은 어제 ( ) 숙제를 하다가 잠들어 버렸다.

코치 쌤은 괄호에 '~는' '~의'와 같이 뒤에 나오는 단어를 꾸며주는 말을 넣어보라고 했어요. 그래서 준혁이는 이렇게 문장을 완성했어요.

내 동생은 어제 (어려운 수학) 숙제를 하다가 잠들어 버렸다.

다희도 재미있는 글을 넣어 문장을 완성했어요.

내 동생은 어제 (해도 해도 안 끝나는) 숙제를 하다가 잠들어 버렸다.

코치 쌤이 이번에는 다른 곳에 괄호를 만든 후에 들어갈 말을 넣어 보라고 했어요. '~하게' '~이'와 같은 단어를 써 보라고 했어요.

내 동생은 어제 숙제를 하다가 (   ) 잠들어 버렸다.

그래서 라엘이 이렇게 문장을 완성했어요.

내 동생은 어제 숙제를 하다가 (자기도 모르게) 잠들어 버렸다.

라함이는 이렇게 문장을 바꿔 보았어요.

내 동생은 어제 숙제를 하다가 (인형을 껴안고) 잠들어 버렸다.

라엘이와 라함이의 재치에 아이들은 한바탕 웃음바다가 되었어요.

놀이 꿀팁

▶ 형용사나 부사와 같은 수식어가 들어가기 좋은 제시문을 많이 준비한다면 좋겠죠?

- 나는 10년 후에 세계여행을 다니며 (   ) 일을 하고 싶다.
- 내가 친해지고 싶은 친구들은 주로 (   ) 옷을 입는다.
- 나는 어제 큰 병원에 갔는데 (   ) 간호사님들이 많았다.
- 나는 화가 날 때 차가운 물을 (   ) 마신다.
- 친구들과 함께 자전거를 타려고 집을 나섰는데 바람이 (   ) 불었다.

▶ 같은 문장이라도 괄호의 위치를 다르게 하거나, 수준에 맞게 개수를 다르게 할 수도 있을 거예요. 아이들이 단문을 장문으로 바꾸는 연습을 많이 할 수 있도록 도와주세요.

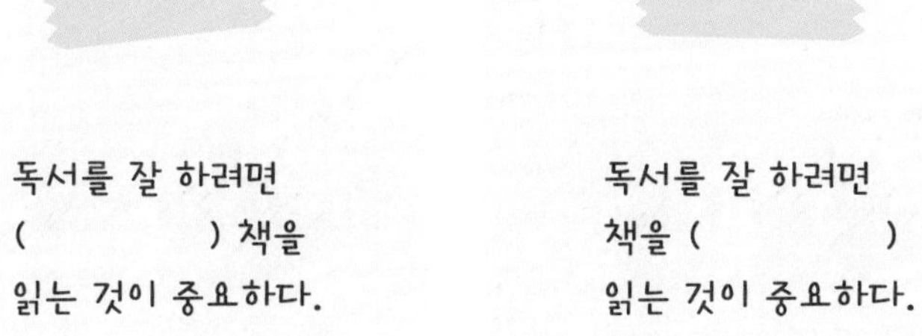
독서를 잘 하려면
(   ) 책을
읽는 것이 중요하다.
독서를 잘 하려면
책을 (   )
읽는 것이 중요하다.

포스트잇으로 놀이 글쓰기를 즐겨볼까요?

→ 빈칸에 창의적으로 꾸미는 말을 넣어서 문장을 완성해 보세요.

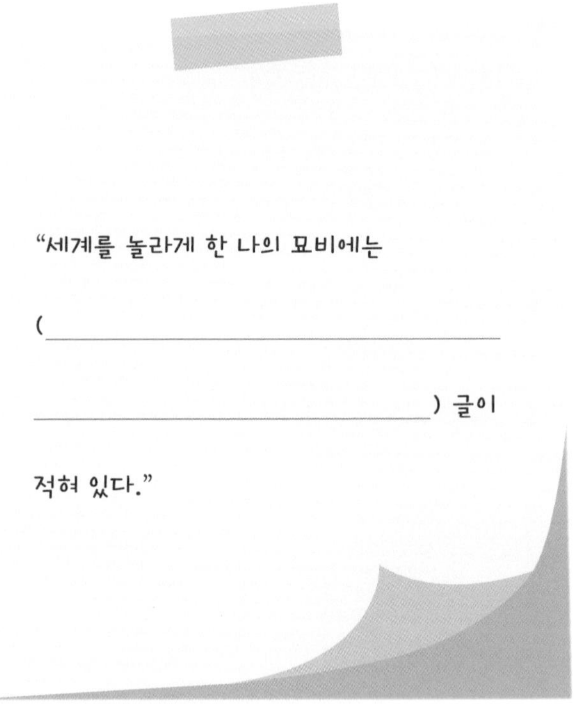

"세계를 놀라게 한 나의 묘비에는
(
) 글이
적혀 있다."

4. 딱 하루만 동물로 살 수 있다면? 글 써보기 ★

자신이 좋아하는 동물을 골라 하루만 그 동물이 된다면 무엇을 할지 적어보자!

놀이 방법

1. 코치 쌤은 아이들에게 좋아하는 동물을 골라 그 동물로 하루만 살 수 있다면 무엇을 할지 적어보라고 합니다.
2. 아이들은 각각 자신이 좋아하는 동물이 되어, 해 보고 싶은 일들을 적어봅니다.

3. 아이들은 서로 작성한 것을 발표하며 즐거운 시간을 가집니다.

놀이 효과

1. 동물이 되는 상상을 통해 상상력과 창의력을 기를 수 있습니다.
2. 자신이 상상한 것을 글로 적으며 표현력을 기를 수 있습니다.

놀이 예시

코치 쌤은 다양한 동물의 이미지를 보여주며 좋아하는 동물을 고른 뒤에 딱 하루만 그 동물로 살 수 있다면 해 보고 싶은 일을 모두 적어 보라고 했어요.

다양한 동물의 예를 그림으로 나타냈어요. 여기에 있지 않은 동물로도 도전해보세요!

혁진이는 얼마 전 TV에서 봤던 '나무늘보'가 생각나서 나무늘보가 되었다고 상상하며 해 보고 싶은 일들을 몇 가지 적어봤어요.

1. 나무를 꼭 껴안고 늦잠을 잘 것이다.
2. 나뭇잎이 무슨 맛인지 궁금하니까 나뭇잎을 몇 장 먹어 볼 것이다.
3. 나무늘보들끼리 모여서 달리기를 해 보고 싶다.

놀이 꿀팁

꼭 동물이 되어야 할 필요는 없겠죠? 식물은 어떨까요? 또는 어떤 사물이 된다는 상상을 해보는 것도 상상력과 표현력을 자극하는 좋은 방법일 것입니다. 예를 들어, 63빌딩이 된다든지, 해나 달이 된다든지, 잠수함이 된다든지 등의 다양한 제안으로 아이들의 상상력을 자극해 보세요.

포스트잇으로 놀이 글쓰기를 즐겨볼까요?

→ 좋아하는 동물을 골라서, 하루만 그 동물이 된다면 무엇을 할지 적어보세요.

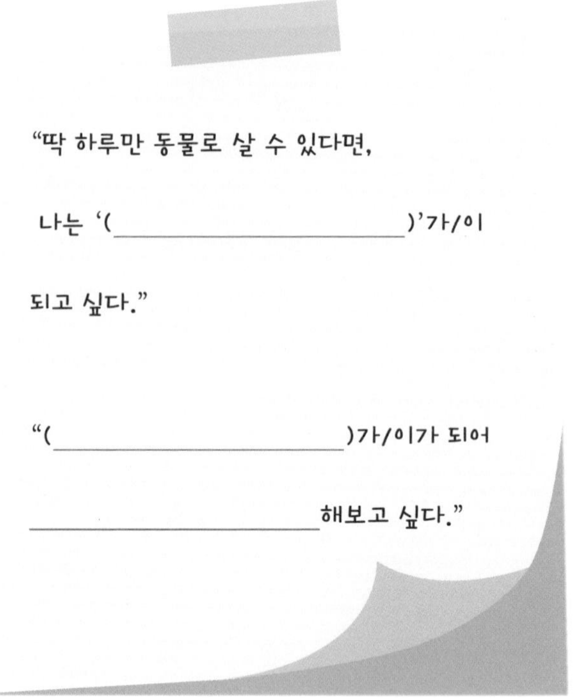

"딱 하루만 동물로 살 수 있다면,
나는 '(________________)'가/이
되고 싶다."
"(________________)가/이가 되어
________________해보고 싶다."

* 동물의 종류가 기억나지 않는다면 앞장의 동물 그림을 참조하세요.

5. 키워드 맞히기 ★

여러 개의 연관어들을 통해 키워드를 맞히는 놀이를 해보자!

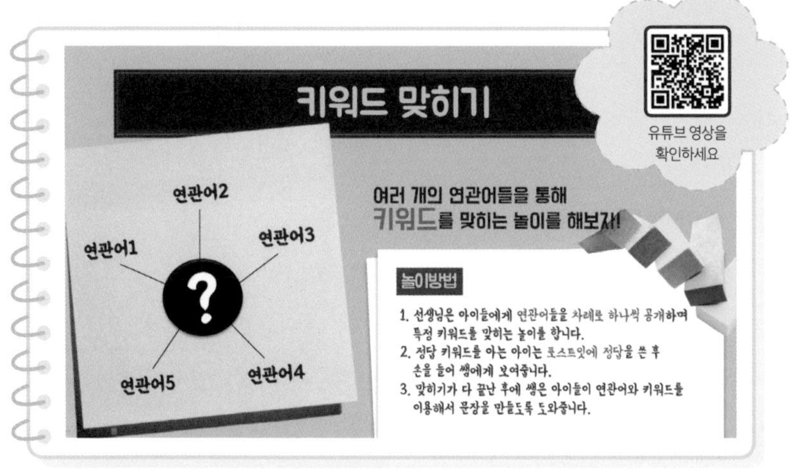

놀이 방법

1. 코치 쌤은 아이들에게 연관어들을 차례로 하나씩 공개하며 특정 키워드를 맞히는 놀이를 합니다.
2. 정답 키워드를 아는 아이는 포스트잇에 정답을 쓴 후 손을 들어 쌤에게 보여줍니다.
3. 맞히기가 다 끝난 후에 쌤은 아이들이 연관어와 키워드를 이용해서 문장을 만들도록 도와줍니다.

놀이 효과

다양한 추리를 통해 추리력을 기를 수 있습니다.
연관어와 키워드를 조합하여 문장을 만드는 능력을 기를 수 있습니다.

놀이 예시

코치 쌤은 연관어를 하나씩 공개하며 아이들에게 키워드가 무엇인지 알아맞혀 보라고 했어요. 첫 번째 연관어는 '검은색'이어서 아무도 맞히지 못했어요. 두 번째 키워드는 '달콤하다'였어요. 현우는 '콜라'를 외쳤으나 정답이 아니었어요. 세 번째 연관어는 '카카오 콩'이었어요. 그 때 채원이가 '초콜릿'이라고 정답을 외쳤어요. 코치 쌤은 네 번째 연관어는 '발렌타인 데이'라고 소개해 줬어요. 코치 쌤은 정답 키워드와 연관어 한 개를 이용해서 재밌는 문장을 만들어 보라고 했어요. 그래서 채원이는 이렇게 만들었어요.

이번 발렌타인데이에 나한테 초콜릿을 준 친구가 많아서 기분이 좋았다. 코로나바이러스 때문에 친해질 기회가 많이 없어서 아쉬웠지만, 이번 발렌타인데이를 너무 즐겁게 보냈다.

놀이 꿀팁

다양한 키워드와 관련어들을 미리 준비한다면 여러 번 놀이를 즐길 수 있겠죠?

ex) 치과 의사 - 흰 옷, 무서운 드릴 소리, 으앙 울음소리, 양치질, 충치
ex) 브라질 - 열정적인 춤, 나무와 숲, 축구, 커피, 더워요
ex) 러시아 - 발레, 눈꽃, 보드카, 털모자, 넓다
ex) 이순신 - 전쟁, 영웅, 일기, 거북이, 죽음
ex) 개미 - 여왕, 부지런하다, 얇은 허리, 곤충

▶ 키워드를 특정 영역으로 한정해서 놀이를 즐길 수도 있습니다. 예를 들어, 사자성어 맞히기, 나라 이름 맞히기, 위인 맞히기, 동물 맞히기 등 다양한 놀이가 가능할 거예요.

변형 놀이 ★★

▶ 코치 쌤이 문제를 미리 준비하지 말고, 아이들이 키워드를 직접 정해서 서로 서로에게 문제를 만들도록 할 수도 있어요.

포스트잇으로 놀이 글쓰기를 즐겨볼까요?

→ 여러 개의 연관어들을 통해 키워드를 맞혀 보세요.

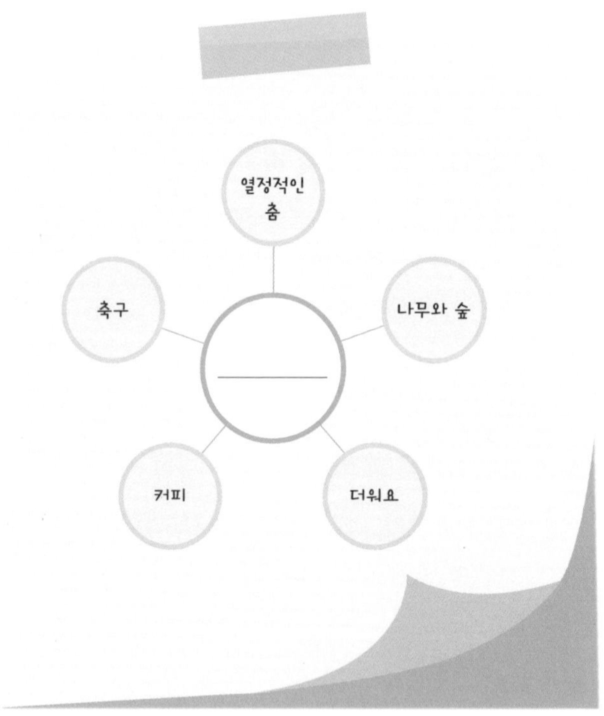

정답: 브라질

6. 물건의 다른 용도 떠올려 써보기 ★★

특정 용도가 정해진 물건을 다른 용도로 사용할 수 있는 방법을 글로 표현해보자!

놀이 방법

1. 코치 쌤은 아이들에게 특정 용도가 정해진 물건을 정해 보여준 뒤 그 물건을 다르게 사용할 수 있는 방법을 최대한 많이 생각해서 글로 적어보라고 합니다. 기발하고 엉뚱한 용도여도 상관없다고 알려줍니다.

2. 아이들은 그 물건의 용도를 최대한 적어봅니다.
3. 아이들은 서로 작성한 용도들을 발표하며 즐거운 시간을 가집니다.

놀이 효과

1. 고정관념을 깨는 생각을 통해 상상력과 창의력을 기를 수 있습니다.
2. 자신이 상상한 것을 글로 적으며 표현력을 기를 수 있습니다.

놀이 예시

코치 쌤은 '스마트폰'을 보여주며 스마트폰을 전화나 앱 등을 전혀 사용하지 말고, 전혀 다른 어떤 용도로 사용할 수 있는지 생각해서 글로 최대한 많이 적어보라고 했어요. 기발하고 엉뚱하게 사용해도 된다고 했어요. 코치 쌤은 아래와 같이 예를 들어 주었어요.

나는 스마트폰 여러 개를 들어 아령처럼 운동할 때 사용하였다.

소은이는 스마트폰 표면이 미끄럽다는 생각을 해서 이렇게 적었어요.

나는 스마트폰 수백 개를 바닥에 깔고 그 위에서 스케이트처럼 미끄러지며 놀았다.

아은이는 재치있게 아래와 같이 썼어요.

나는 할아버지 등이 가려울 때 스마트폰을 할아버지 등긁개로 썼다.

코치 쌤은 '훌라후프'를 보여주면서 전혀 다른 어떤 용도로 사용할 수 있는지 생각해서 글을 최대한 많이 적어보라고 했어요. 그러자 다민이는 터널이 생각나서 이렇게 적었어요.

나는 훌라후프 수십 개를 모아서 아이들 터널을 만들었다.

그러자 다하는 아무도 생각지 못한 글을 썼어요.

나는 훌라후프 5개를 모아서 올림픽 오륜기를 만들었다.

코치 쌤은 아이들의 창의적인 의견에 박수를 치며 칭찬해주었어요.

놀이 꿀팁

실생활에서 흔히 볼 수 있으며 용도가 정해져 있는 일상용품에 대해 이러한 글쓰기를 한다면 창의력 향상에 매우 유익하겠죠? 아래의 사물들로 창의적인 포스트잇 글쓰기를 도전해 보면 어떨까요?

종이컵, 칫솔, 고무장갑, 프라이팬, 훌라후프, 부채, 음료수 캔

이 놀이는 아이들의 창의력과 유창성 계발에 좋아요. 사물에 대한 고정관념에서 벗어나 다양한 용도를 상상해 보도록 격려해 주세요. 또한, 사물의 개수를 늘리거나 분해하는 등의 창의적인 조작을 상상해 보도록 자극해주세요. 예를 들어, '훌라후프'에 대해 생각해 볼 때, 훌라후프를 5개 모아서 오륜기를 표현할 수도 있겠죠. 반대로 반으로 쪼개서 대형 손잡이로 상상해 볼 수도 있죠. 이처럼 아이들의 무한한 상상력을 일깨우는 것이 중요합니다.

포스트잇으로 놀이 글쓰기를 즐겨볼까요?

→ 특정 용도가 정해진 물건을 다른 용도로 사용할 수 있는 방법을 글로 표현해 보세요.

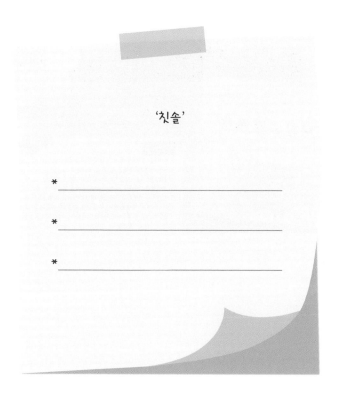

7. 글로 쇼핑하기 ★★

포스트잇에 쇼핑 목록을 상상하여 적어본 다음 다른 이들과 비교해 보자!

놀이 방법

1. 코치 쌤은 포스트잇에 지난 한 주간 부모님과 마트에서 쇼핑한 물건들의 목록을 적도록 합니다(상상으로 적어도 됩니다). 남들과 겹치지 않는 물건을 최대한 많이 적도록 합니다.
2. 코치 쌤과 아이들은 각자 포스트잇이 가득 찰 때까지 적습니다.

3. 코치 쌤이 자신의 목록에 있는 상품을 하나씩 크게 부르며 아이들에게 겹치는 상품은 지우도록 합니다. 코치 쌤이 자신의 목록을 다 불렀을 때 놀이는 끝이 납니다. 가장 겹치지 않은 물건이 많은 아이가 놀이에서 승리합니다.

▶ 품목이 다르지만 같은 종류인 경우 어떻게 처리할지 기준을 세워두면 좋아요.

ex) 새우깡과 고래밥은 모두 과자이므로 같은 품목으로 보자 or 이름이 다르므로 다른 품목으로 보자

놀이 효과

다양한 상품을 생각하며 상상력을 기를 수 있습니다.
일상생활 속 관찰하는 능력을 향상 시킬 수 있습니다.

놀이 예시

코치 쌤은 아이들에게 지난 한 주간 부모님과 마트에서 쇼핑한 물건들을 포스트잇에 가득 적어보라고 했어요. 기억이 안 나면 상상해서 적어도 된다고 했고, 다른 사람과 겹치지 않는 물건을 많이 적어보

라고 했어요. 현우는 10개의 물건을 적었어요. 3분 후에 코치 쌤이 자신의 포스트잇에 적은 물건을 하나씩 부를 테니 겹치면 지우라고 했어요. 코치 쌤이 물건들을 다 불렀을 때 현준이의 포스트잇에는 아래와 같이 5개의 물건이 남아 있었어요.

파프리카, 뽀로로 치약, 프라이팬, 반창고, 콜라

현준이의 친구 서진이와 준서도 5개의 물건이 남아서 다같이 공동우승을 했어요.

놀이 꿀팁

▶ 아이들의 수준에 맞게 시간이나 개수를 정해 놓을 수 있어요. 예를 들어, 단어 적는 시간을 1분, 3분 등으로 조절할 수 있고, 단어 개수를 최대 10개, 20개 등으로 제한할 수도 있어요.

▶ 아이들끼리 알아서 놀이를 잘 할 수 있다면, 코치 쌤은 진행만 하고 아이들이 돌아가면서 자신이 쓴 상품을 1개씩 지우는 방식으로 놀이를 즐기는 것도 가능해요.

변형 놀이 1 ★★★

▶ 쇼핑 물건들이 더욱 겹치게 하려면 코치 쌤이 품목의 분류를 제한할 수 있어요.

ex) 쇼핑한 것 중에 먹을 수 있는 것들만(없는 것들만) 적어보세요.

ex) 이름이 3글자 이상인(이하인) 물건만 적어보세요.

변형 놀이 2 ★★

▶ 포스트잇에 칸을 만들어 빙고게임으로 활용할 수도 있습니다. 이 경우에는 다른 아이들과 겹치는 물건이 많아야 유리하겠죠? 돌아가면서 한 개씩 발표하며 지우는 방식으로 즐기면 됩니다.

당근	양파	손 소독제	계란
밀가루	믹스 커피	치즈	손톱깎이
일회용 마스크	칫솔	아이스크림	새우
염색약	슬리퍼	삼겹살	참치 통조림

포스트잇으로 놀이 글쓰기를 즐겨볼까요?

→ 포스트잇에 쇼핑 목록을 상상하여 적어본 다음 다른 이들과 비교해 보세요.

쇼핑 목록을 상상해 보자!

'3글자' 이상인 단어 10개를 적어 보세요.

양배추, ______________________

____

____

8. 유튜브 썸네일 문구 짓기 ★★

짧은 동영상을 본 후에 사람들이 좋아할 만한 제목을 지어보자!

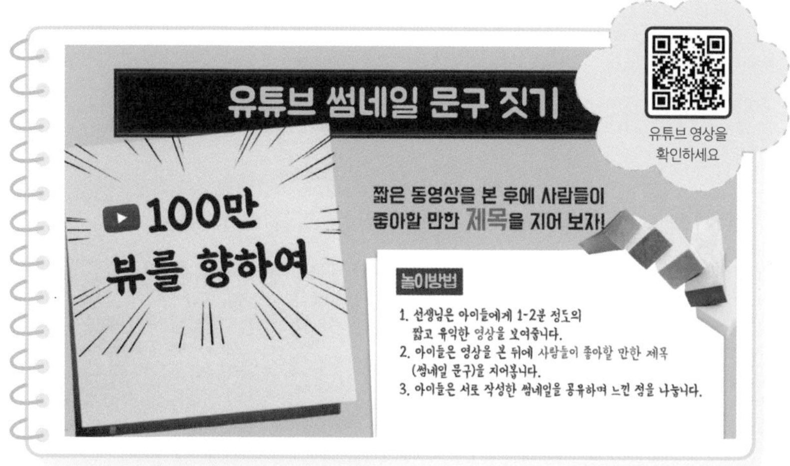

놀이 방법

1. 코치 쌤은 아이들에게 1-2분 정도의 짧고 유익한 영상을 보여줍니다.
2. 아이들은 영상을 본 뒤에 사람들이 좋아할 만한 제목(썸네일)을 지어봅니다.
3. 아이들은 서로 작성한 썸네일을 공유하며 느낀 점을 나눕니다.

놀이 효과

시청한 내용을 요약하는 연습을 할 수 있습니다.
창의적이고 인상적인 제목을 작성하는 능력을 기를 수 있습니다.

놀이 예시

코치 쌤은 코로나 바이러스에 걸리는 것을 예방할 수 있는 방법들이 제시된 영상을 보여주었어요. 영상을 다 본 뒤에 아이들에게 재미있는 썸네일(제목) 문구를 지어보라고 하셨어요. 현수는 이렇게 문장을 만들었어요.

'코로나 물리치는 3가지 방법, 이것만 따라하세요'

현수는 다른 친구들이 지은 재밌는 제목을 보니 재밌었어요.

유찬이가 쓴 글도 재밌고 창의적이었어요.

'3가지만 준비해서 코로나 박살내자!'

코치 쌤은 모두가 창의적이라며 칭찬을 아끼지 않았어요.

놀이 꿀팁

▶ 영상을 보여주면 글쓰기보다 영상 시청에 빠져버려 주객전도가 될 수 있겠죠? 짧은 1분 안팎의 영상을 보여주면 좋을 거예요. 다양한 종류의 영상(강의, 뉴스, 광고, 캠페인, 애니메이션 등)을 준비한다면 더 재미있을 거예요.

▶ 긴 영상이라면, 영상 전체를 보여주기보다 영상 중간중간을 보여주며 썸네일을 지어보라고 하면 시간도 아끼고 아이들의 상상력도 더 자극될 수 있겠죠?

포스트잇으로 놀이 글쓰기를 즐겨볼까요?

→ 짧은 동영상을 본 후에 사람들이 좋아할 만한 제목을 지어 보세요.

9. 신체 부위를 이용해 문장 만들기 ★★

특정 신체 부위를 이용해서 재밌는 문장을 만들어 보자.

놀이 방법

1. 코치 쌤은 초성으로 단어 맞히기를 통해 아이들이 특정 신체 부위를 알아내도록 합니다.
2. 정답이 밝혀지면 코치 쌤은 아이들에게 그 단어를 이용해서 재밌는 문장을 만들어 보도록 합니다.
3. 아이들은 그 신체 부위가 들어간 재밌는 문장을 만들어 발표합니다.

놀이 효과

초성 놀이를 통해 어휘력을 기를 수 있습니다.
특정 단어를 이용한 문장을 만드는 문장력을 기를 수 있습니다.

놀이 예시

코치 쌤은 초성으로 신체부위 맞히기 놀이를 하자고 했어요. 초성은 다음과 같았어요.

'ㄱㄷㄹㅇ'

아이들은 잠시 후에 정답이 '겨드랑이'라는 것을 맞혔어요. 코치 쌤은 이제 그 단어를 이용해서 재밌는 문장을 만들어 보라고 했어요. 그래서 충영이는 이렇게 만들었어요.

내 동생은 목욕할 때 겨드랑이에 비누를 끼고 있어서 겨드랑이에서 비누 향기가 났다.

그러자 충석이도 글을 완성했어요.

아빠 겨드랑이에서 땀 냄새가 심하게 나서 나는 코를 막았다.

놀이 꿀팁

▶ 평상시에 부를 일이 드문 신체부위를 제시한다면 더욱 재미있겠죠?

복숭아뼈, 머리카락, 속눈썹, 혓바닥, 엉덩이, 콧잔등, 목덜미, 발뒤꿈치, 정강이, 정수리

▶ 한 번에 하나씩 초성을 제시하며 놀이를 즐길 수도 있고요, 한 번에 여러 개의 초성을 제시해서 맞히기 놀이를 한 다음 그 중에 골라서 문장을 만들도록 해도 재미있겠죠?

포스트잇으로 놀이 글쓰기를 즐겨볼까요?

→ 특정 신체부위를 이용해서 재밌는 문장을 만들어 보세요.

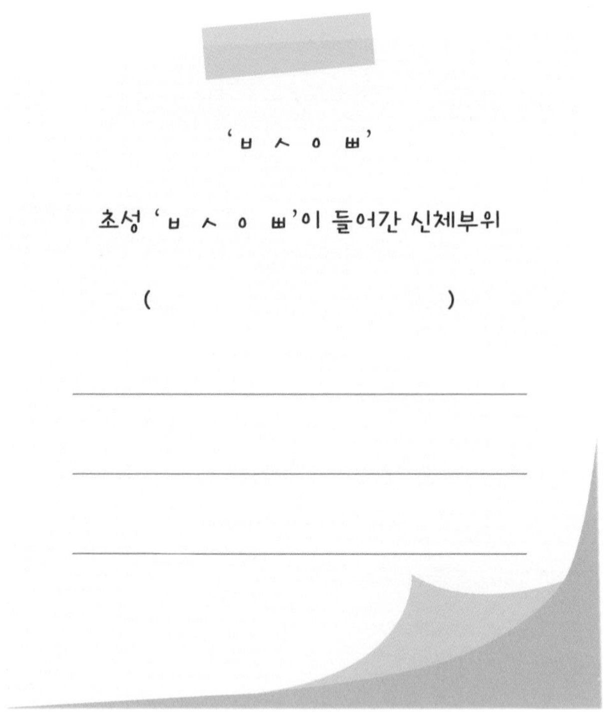

'ㅂ ㅅ ㅇ ㅃ'
초성 'ㅂ ㅅ ㅇ ㅃ'이 들어간 신체부위
( )

10. 공통점과 차이점 찾기(비교 · 대조하기) ★★★

제시어 2개를 비교하여 공통점과 차이점을 찾아서 글로 써 보자!

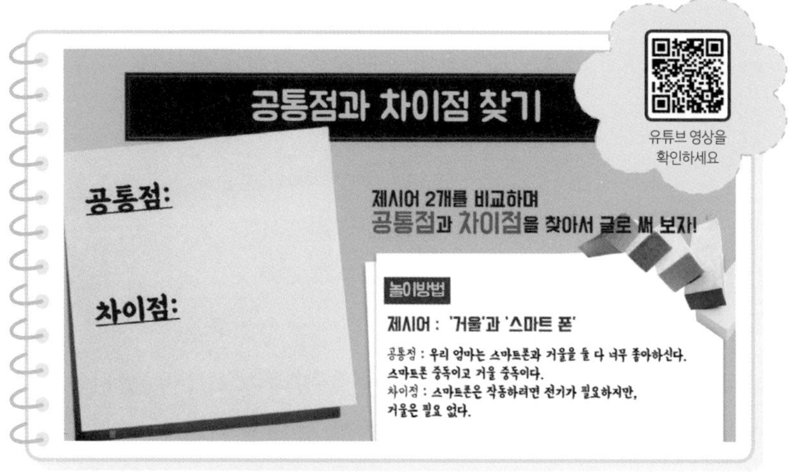

놀이 방법

1. 코치 쌤은 아이들에게 이질적인 두 물건(인물)을 제시한 뒤에 공통점과 차이점을 1개씩 적도록 합니다. 기발하고 엉뚱한 생각을 쓸수록 좋다고 합니다.
2. 아이들은 각자 포스트잇에 공통점과 차이점을 적습니다.
3. 아이들은 서로 발표를 하고, 코치 쌤은 아이들의 반응이 좋았던 글

을 칭찬해 줍니다.

놀이 효과

두 물건에 대해 비교 · 대조하며 분석하는 능력을 기를 수 있습니다.
독창적인 내용을 생각해내며 창의력을 기를 수 있습니다.

놀이 예시

코치 쌤은 아이들에게 두 개의 물건을 알려주고 그 두 물건의 공통점과 차이점을 1개씩 적어보라고 했어요. 기발하고 엉뚱한 생각을 쓸수록 좋다고 했어요. 코치 쌤이 제시한 물건들은 '스마트폰'와 '거울'이었어요. 현준이는 이렇게 문장을 만들었어요.

공통점 : 우리 엄마는 스마트폰과 거울을 둘 다 너무 좋아하신다. 스마트폰 중독이고 거울 중독이다.

차이점 : 스마트폰은 작동하려면 전기가 필요하지만, 거울은 필요 없다.

놀이 꿀팁

▶ 아래와 같은 글감 예시를 활용해 주세요. 창의적인 예시들을 더 생각해 보세요.

> '서울'과 '부산' (지역), '작가'과 '유튜버' (직업), '이순신 장군'과 '방탄소년단' (인물) '고양이'와 '펭귄' (동물), '청소기'와 '세탁기' (일상용품)

▶ 아이들의 실력이 높다면, 공통점과 차이점의 개수를 더 늘리면 재미있겠죠?

ex) 이순신 장군과 아이언 맨의 공통점 3가지, 차이점 3가지를 적어보세요.

포스트잇으로 놀이 글쓰기를 즐겨볼까요?

→ 제시어 2개를 비교하여 공통점과 차이점을 찾아서 글로 써 보세요.

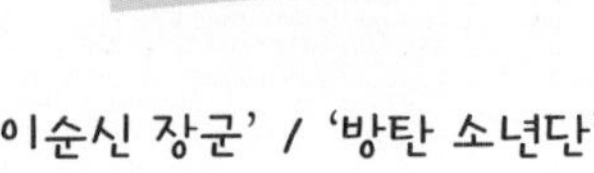

'이순신 장군' / '방탄 소년단'

공통점: ______________________________

____

차이점: ______________________________

____

11. 초성 키워드로 문장 만들기 ★★★

초성을 제시하여 생각해 낸 단어들로 문장을 만들어 보자!

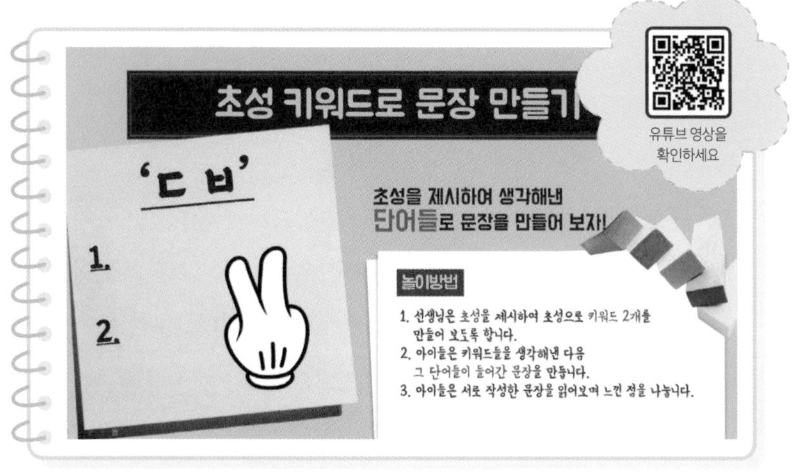

놀이 방법

1. 코치 쌤은 초성을 제시하여 초성으로 키워드를 2-3개 만들어 보도록 합니다.
2. 아이들은 키워드들을 생각해 낸 다음 그 단어들이 들어간 문장을 만듭니다.
3. 아이들은 서로 작성한 문장을 읽어 보며 느낀 점을 나눕니다.

놀이 효과

다양한 단어를 생각해 내며 어휘력이 향상될 수 있습니다.
단어들을 조합하며 문장력과 창의력을 기를 수 있습니다.

놀이 예시

코치 쌤은 아이들에게 'ㅇㅅ'이라는 초성으로 이루어진 2글자 단어를 2개 만들어 보라고 했어요. 그런 다음 코치 쌤은 그 단어들이 들어간 하나의 문장을 만들도록 했어요. 윤지는 '인사'와 '용서'를 생각해 냈어요. 윤지는 이렇게 문장을 만들었어요.

내 동생이 나를 화나게 했지만 '인사'를 해서 나는 '용서'해주었다.

자신이 만든 문장을 함께 발표했어요. 'ㅇㅅ'이 들어간 단어가 이렇게 많아서 윤지는 깜짝 놀랐어요.

인사, 용서, 우수, 이사, 요소, 아산, 일산, 이성, 인심, 인생, 역시, 예술, 여성, 예스, 인성, 야성, 응수, 안성, 음식, 원수, 이슬, 우산, 야수, 요술 이번에는 코치 쌤이 아이들에게 'ㅅㅇ'이라는 초성으로 이루어진 2글자 단어를 2개 만들어 보라고 했어요. 송비는 '샤워'와 '소용'을 생각해내고 이렇게 문장을 만들었어요.

너무 더워서 샤워를 했지만 또 땀이 나서 소용없었다.

친구들의 발표를 들어보니 'ㅅㅇ'이 들어간 단어가 이렇게 많을 줄 몰랐어요.

새우, 소원, 소음, 수원, 서울, 사양, 성인, 사이, 수용, 생일, 샤워, 사용, 수육, 상아, 사연, 세월, 상인, 소요, 수여, 시위, 사이

놀이 꿀팁

▶ 아이들의 실력이 낮다면, 단어를 생각해 낼 시간과 문장을 만들 수 있는 시간을 충분히 제공해 주세요.

▶ 아이들의 실력이 높다면, 초성의 개수를 제한하지 않고 제한된 시간 내에 최대한 키워드들을 많이 생각해 내서 한 문장으로 만들도록 해도 좋을 거예요.

포스트잇으로 놀이 글쓰기를 즐겨볼까요?

→ 초성을 제시하여 생각해 낸 단어들로 문장을 만들어 보세요.

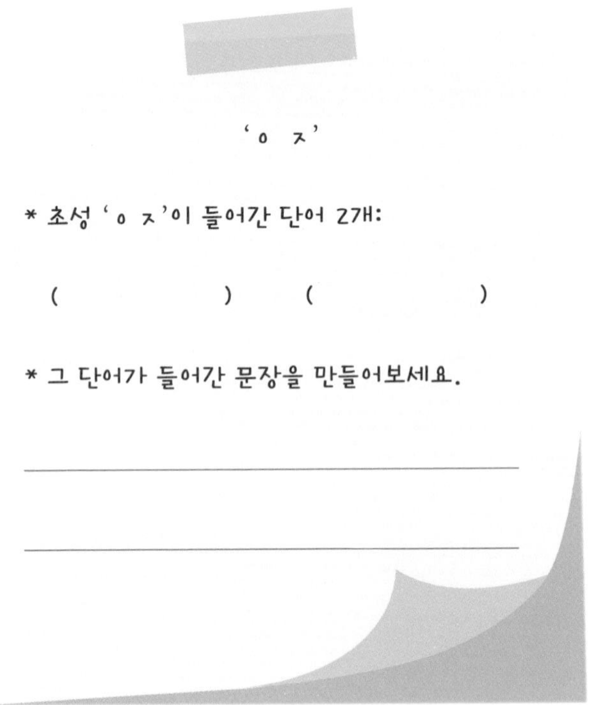

'ㅇ ㅈ'
* 초성 'ㅇ ㅈ'이 들어간 단어 2개:
(   )   (   )
* 그 단어가 들어간 문장을 만들어보세요.

12. 음식 이름 맞히는 퀴즈 만들기 ★★★

음식의 특징을 표현하는 글을 통해 음식 이름을 맞혀보자!

놀이 방법

1. 코치 쌤은 각 아이들에게 음식 키워드를 한 가지씩 나누어 준 뒤 음식의 특징을 표현하는 문장을 3개씩 적어 보라고 합니다.
2. 아이들은 음식의 특징을 간접적으로 표현하는 문장을 3개씩 적습니다.
3. 아이들은 돌아가면서 문장을 발표하고, 나머지 아이들은 음식이 무엇인지 맞힙니다.

놀이 효과

1. 퀴즈를 통해 호기심을 자극할 수 있습니다.
2. 표현 능력을 기를 수 있습니다.

놀이 예시

코치 쌤은 아래와 같이 다양한 음식의 목록을 보여준 뒤에 아이마다 한 가지씩 음식 이름이 적힌 포스트잇을 나눠 주셨어요.

짜장면	부대찌개	햄버거
짬뽕	삼겹살	핫도그
볶음밥	설렁탕	바게트 빵
탕수육	닭갈비	연어초밥
제육덮밥	김치부침개	팥죽
카레덮밥	크림파스타	떡볶이
잡채덮밥	돈까스	순대
순두부찌개	스테이크	라면
된장찌개	나물비빔밥	칼국수
김치찌개	참치김밥	우동

코치 쌤은 자신이 뽑은 음식을 다음과 같은 3개의 문장으로 표현하라고 했어요.

1. 이 음식은 (이런 사람들이) 좋아할 거 같아요.
2. 이 음식은 (이런 날에/장소에서) 먹고 싶을 거 같아요.
3. 이 음식은 (이런 음식/음료)와 잘 어울릴 거 같아요.

코치 쌤은 포스트잇을 한 장 뽑아서 이렇게 세 문장을 만들었어요.

1. 이 음식은 이탈리아 사람들이 좋아할 거 같아요.
2. 이 음식은 고급스러운 레스토랑에서 먹고 싶을 거 같아요.
3. 이 음식은 탄산음료와 잘 어울릴 거 같아요.

코치 쌤이 무슨 음식인지 맞혀보라고 하자 명훈이가 제일 먼저 손을 들었어요. 지후는 "정답은 크림파스타예요!"라고 외쳤어요. 코치 쌤은 맞았다며 박수를 쳐 주었어요. 코치 쌤은 이번에는 모두 각자 음식을 뽑아서 문장을 만들어 보라고 했어요. 지우는 '부대찌개'를 뽑았어요. 그래서 이렇게 적었어요.

1. 이 음식은 밖에서 일하는 아저씨들이 좋아할 거 같아요.
2. 이 음식은 여러 가지가 동시에 먹고 싶을 때 먹고 싶을 거 같아요.
3. 이 음식은 라면과 잘 어울릴 거 같아요.

놀이 꿀팁

이 놀이는 아이들이 돌아가면서 발표를 통해 퀴즈를 내고, 나머지 아이들이 퀴즈를 맞히는 방식으로 진행해도 되고, 팀으로 나누어 팀끼리 함께 작성해서 팀 대항 놀이로 해도 좋습니다. 위의 3가지 외에도 다음과 같은 형식의 문장을 더 추가해도 좋습니다.

- 이 음식에는 (이런 재료)가 들어갈 거 같아요.
- 이 음식은 (이런 계절)에 인기가 많을 거 같아요.
- 이 음식에는 (이런 색깔)이 가장 어울릴 거 같아요.
- 이 음식의 가격은 (0000원)정도일 거 같아요.
- 이 음식은 선생님이(부모님이) 좋아할 거 같아요/싫어할 거 같아요.

이 놀이는 음식을 맞히는 것 자체보다 참신하고 재밌는 문장으로 음식의 특징을 표현해 보는 것이 더 중요합니다. 아이들이 너무 정답을 맞히는 것에만 정신이 팔리지 않도록 다양한 표현을 퀴즈로 발표한 아이들을 많이 칭찬해 주세요.

포스트잇으로 놀이 글쓰기를 즐겨볼까요?

→ 음식의 특징을 표현하는 글을 쓰고, 문장을 보고 음식 이름을 맞혀 보세요.

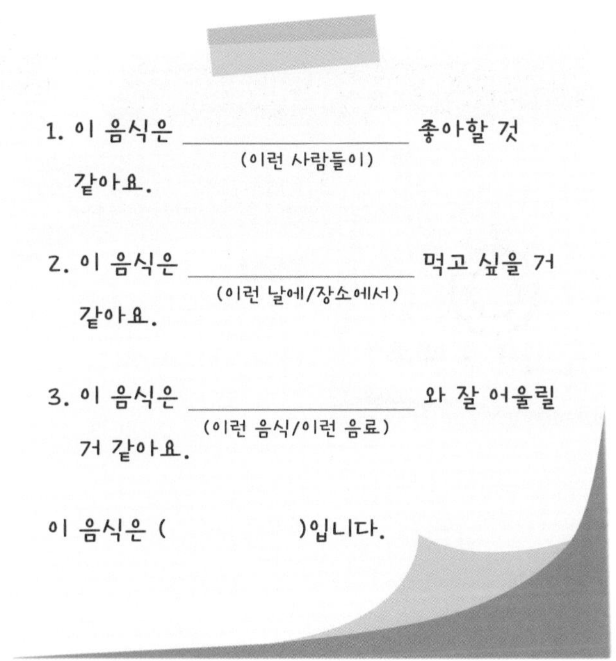

1. 이 음식은 ______________ 좋아할 것
(이런 사람들이)
같아요.
2. 이 음식은 ______________ 먹고 싶을 거
(이런 날에/장소에서)
같아요.
3. 이 음식은 ______________ 와 잘 어울릴
(이런 음식/이런 음료)
거 같아요.
이 음식은 (   )입니다.

음식이름 : 짜장면, 짬뽕, 볶음밥, 탕수육, 카레덮밥, 된장찌개, 김치찌개, 닭갈비, 크림파스타, 돈가스, 스테이크, 햄버거, 라면, 떡볶이, 순대, 김밥

13. 과거·현재·미래 쓰기 ★★★

어떤 대상의 모습을 과거 혹은 미래의 모습을 상상하여 글로 표현해 보자!

놀이 방법

1. 코치 쌤은 아이들에게 특정 대상을 제시합니다.
2. 아이들은 그 대상의 과거나 미래 모습 중 하나를 선택해 글로 표현합니다.
3. 아이들은 서로 작성한 글을 비교해 봅니다.

놀이 효과

대상의 모습을 시간의 흐름대로 상상하면서 상상력을 기를 수 있습니다. 대상을 구체적인 글로 표현하는 능력을 기를 수 있습니다.

놀이 예시

코치 쌤은 '제주도에서 아이들이 노는 사진'을 보여준 후에 아이들에게 '과거'와 '현재'가 적힌 메모지 중 하나를 고르게 했어요. 현우는 '과거'를 뽑았어요. 선생님은 제주도에서 아이들이 노는 모습을 글로 표현해 보라고 하셨어요. 유온이는 이렇게 문장을 만들었어요.

'아이들은 제주도 앞바다에 떠 있는 나룻배 위에서 화살 놀이를 하며 놀았습니다.'

'미래'를 뽑은 지온이는 이렇게 적었어요.

'제주도에서 아이들은 드론을 타고 성산일출봉까지 신나게 날아갔다.'

놀이 꿀팁

제시어나 제시 이미지가 구체적이고 기발하면 더욱 재미있을 거예요.
ex) 가족, 친구, 발명품, 세계적인 유물, 특정 지역, 동물이나 곤충 등

변형 놀이 ★★★

▶ 막연한 과거나 미래보다 시간을 더욱 세분화하여 제시한다면 아이들이 상상력을 더 발휘할 수 있을 것입니다.

ex) 아주 먼 과거, 100년 전, 10년 전, 1년 전, 1시간 후, 1년 후, 100년 후 등

코치 쌤 : "이 사진을 보면 한 학생이 스마트폰으로 전화를 하고 있네요. 자, 시간 카드를 뽑아서 장면을 상상하며 문장을 만들어 보세요."

규윤 : (20년 전 카드를 뽑음) "한 학생이 무전기 같이 큰 전화기를 들고 전화를 걸고 있어요."

라윤 : (1시간 후 카드를 뽑음) "그 학생은 전화했던 친구를 만나 놀이터에서 놀고 있어요."

포스트잇으로 놀이 글쓰기를 즐겨볼까요?

→ 어떤 대상의 모습을 과거 혹은 미래의 모습을 상상하여 글로 표현해 보세요.

한 아이가 책상 앞에 앉아 일기장에 일기를 쓰고 있어요.

*100년 전 과거 : ______________________

*100년 후 미래 : ______________________

____

14. 세 단어 문장 만들기 ★★★

제시된 키워드 3개가 들어간 창의적인 문장을 만들어 보자!

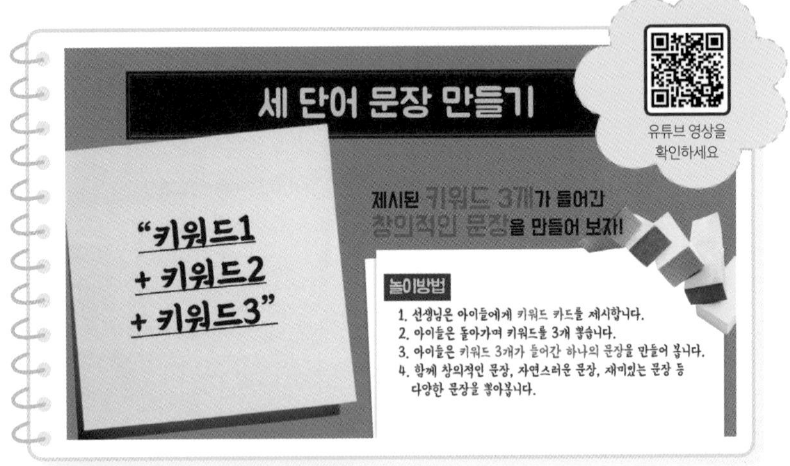

놀이 방법

1. 코치 쌤은 아이들에게 키워드 카드를 제시합니다.
2. 아이들은 돌아가며 키워드를 3개 뽑습니다.
3. 아이들은 키워드 3개가 들어간 하나의 문장을 만들어 봅니다.
4. 함께 창의적인 문장, 자연스러운 문장, 재미있는 문장 등 다양한 문장을 뽑아 봅니다.

놀이 효과

단어를 조합하며 창의력을 기를 수 있습니다.
제한 시간 내에 문장을 만들며 순발력을 기를 수 있습니다.

놀이 예시

코치 쌤은 아이들에게 각각 키워드 카드 3장을 뽑도록 했어요. 현우가 뽑은 키워드는 '오렌지', '코끼리', '과학자' 였어요. 코치 쌤은 웃긴 문장을 만들어 보라고 했어요. 그래서 시윤이는 이렇게 문장을 만들었어요.

'과학자 김시윤 씨는 코끼리의 유전자를 변형시켜서 오렌지만 먹도록 만들었더니 코끼리가 오렌지색이 되어 버렸다.'

놀이 꿀팁

▶ 키워드를 분야별로 다양하게 만든 다음에 분야별로 한 장씩 뽑게 만든다면 더욱 재미있을 거예요.

-**음식 키워드**: 햄버거, 피자, 치킨, 된장찌개, 짜장면, 탕수육, 바나나, 오렌지, 포도 등

-**직업 키워드**: 선생님, 경찰관, 소방관, 과학자, 의사, 군인, 버스기사, 작가, 유튜버 등

-**장소 키워드**: 무인도, 산꼭대기, 바다, 우주, 지하실, 은행, 우체국, 운동장, 과수원 등

-**동물 키워드**: 코끼리, 사자, 호랑이, 낙타, 여우, 늑대, 곰, 캥거루, 말, 소, 돼지, 뱀 등

-**꾸밈말 키워드**: 갑자기, 서서히, 재빠르게, 전혀, 절대로, 반드시, 항상, 가끔, 영원히 등

▶ 아이들이 3개에 익숙해진다면, 키워드 개수를 더 늘려보는 것도 재미있을 거예요.

▶ 문장 만들기 콘테스트로 진행해도 재미있을 거예요.

ex) '가장 슬픈 문장 만들기' '가장 웃긴 문장 만들기' '가장 감동적인 문장 만들기' 등

포스트잇으로 놀이 글쓰기를 즐겨볼까요?

→ 키워드 3개를 뽑아서 그 키워드가 들어간 창의적인 문장을 만들어 보세요.

음식 키워드: 햄버거, 피자, 치킨, 된장찌개, 짜장면, 탕수육, 바나나, 오렌지, 포도

직업 키워드: 선생님, 경찰관, 소방관, 과학자, 의사, 군인, 버스기사, 작가, 유튜버

꾸밈말 키워드: 갑자기, 서서히, 재빠르게, 전혀, 절대로, 반드시, 항상, 가끔, 영원히

15. 엉뚱한 주장에 대해 근거 생각하기 ★★★

엉뚱한 주장에 대해 재밌는 근거를 생각하여 문장으로 만들어 보자!

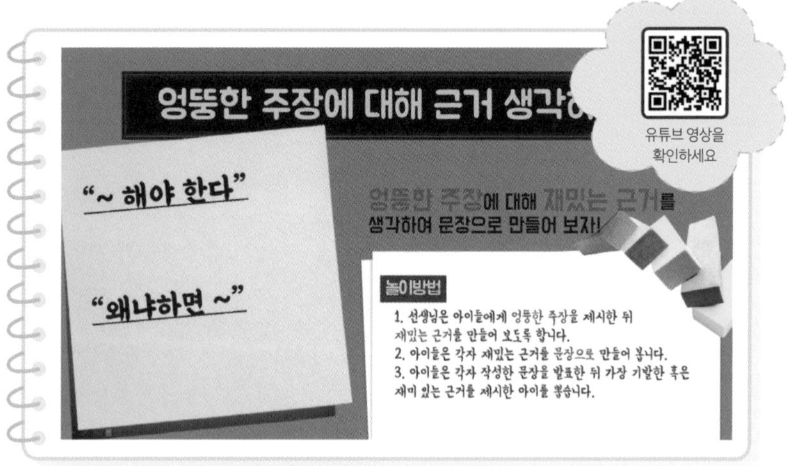

놀이 방법

1. 코치 쌤은 아이들에게 엉뚱한 주장을 제시한 뒤 재밌는 근거를 만들어 보도록 합니다.
2. 아이들은 각자 재밌는 근거를 문장으로 만들어 봅니다.
3. 아이들은 각자 작성한 문장을 발표한 뒤 가장 그럴듯한(재밌는) 근거를 제시한 아이를 뽑습니다.

놀이 효과

엉뚱한 생각을 하며 창의력과 상상력을 기를 수 있습니다.
재밌는 문장을 뽑으며 토론 능력을 기를 수 있습니다.

놀이 예시

코치 쌤은 아래와 같이 엉뚱한 주장을 제시하면서 아이들에게 빈칸에 재밌는 근거를 만들어 보라고 했어요.

우리는 아침에 일어나면 사과를 한 개 씩 먹어야 합니다. 왜냐하면 (   ) 때문입니다.

재원이는 올해 사과를 재배하는 농가들이 어렵다는 뉴스를 보았던 것이 생각나서 이렇게 적었어요.

우리는 아침에 일어나면 사과를 한 개 씩 먹어야 합니다. 왜냐하면 (우리 모두 사과를 먹는다면 사과 농사를 짓는 농부들의 형편이 나아질 것이기) 때문입니다.

모두 작성한 뒤 발표를 했는데, 현우 친구 래윤이의 글이 가장 재밌어서 뽑혔어요.

우리는 아침에 일어나면 사과를 한 개씩 먹어야 합니다. 왜냐하면 (아침에 사과를 먹으면 소화가 잘 돼서 응가가 잘 나오기) 때문입니다.

놀이 꿀팁

▶ 논리적이고 자연스러운 근거보다 더 웃기고 재밌는 근거를 쓰도록 권유한다면 더욱 창의력을 기를 수 있을 거예요. 정답이 없다는 점을 강조해 주세요.

엉뚱한 주장 예시)

-우리는 반장을 뽑을 때 투표가 아니라 제비로 뽑아야 합니다.
-춤추기(줄넘기, 피구 등)를 올림픽 정식 종목으로 채택해야 합니다.
-모든 학교는 체육시간을 두 배로 늘려야 합니다.
-숙제를 하지 않으면 칭찬을 해 주어야 합니다.
-살을 1kg 이상 빼면 상을 주어야 합니다.

-사람보다 똑똑한 AI(인공지능)를 개발하지 말아야 합니다.

-모든 학생은 하루에 스마트폰을 1시간 이상 사용해야 합니다.

-앞으로 모든 국가는 전쟁을 할 때 맨몸으로만 싸워야 합니다.

▶ 아이들의 수준이 높다면, 아이들이 스스로 엉뚱한 문장과 근거를 모두 작성하도록 해도 좋겠죠?

포스트잇으로 놀이 글쓰기를 즐겨볼까요?

→ 엉뚱한 주장에 대해 재밌는 근거를 생각하여 만들어 보세요.

"모든 학교는 체육 시간을

두 배로 늘려야 합니다."

왜냐하면 (______________________________

______________________________________)

때문입니다.

16. 자신이 좋아하는 것 비유하기 ★★★

자신이 좋아하는 것(인물)을 다른 것에 비유하는 문장을 만들어 보자!

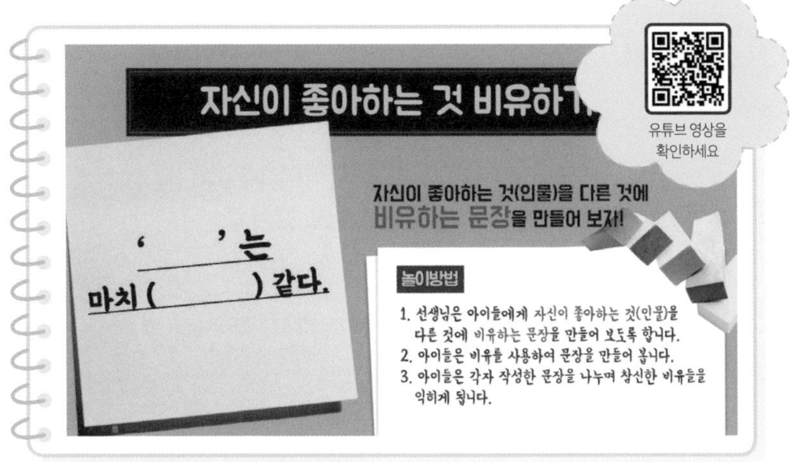

놀이 방법

1. 코치 쌤은 아이들에게 자신이 좋아하는 것(인물)을 다른 것에 비유하는 문장을 만들어 보도록 합니다.
2. 아이들은 비유를 사용하여 문장을 만들어 봅니다.
3. 아이들은 각자 작성한 문장을 나누며 참신한 비유들을 익히게 됩니다.

놀이 효과

참신한 비유를 통해 문학적 상상력을 기를 수 있습니다.
감성을 풍요롭게 할 수 있습니다.

놀이 예시

코치 쌤은 아이들에게 자신이 좋아하는 음식의 맛이나 느낌을 아래와 같이 비유적인 표현으로 만들어 보라고 했어요.

내가 가장 좋아하는 삼겹살을 먹으면 나는 마치 아주 더운 날 운동을 마치고 샤워를 하는 것처럼 기분이 좋습니다.

음식의 맛을 '달다, 맛있다, 매콤하다, 바삭하다' 등과 같이 직접적으로 표현하지 말고, 음식이 아닌 다른 행동이나 느낌으로 표현해 보라고 했어요. '~와 같다' '마치 ~한 것 같다' 등으로요. 그래서 현우는 자기가 좋아하는 떡볶이를 이렇게 표현했어요.

나는 ○○ 떡볶이를 가장 좋아한다. 그 떡볶이를 먹으면 마치 생일날 선물을 받는 것 같은 느낌이다.

놀이 꿀팁

▶ 음식뿐만 아니라 아이들이 좋아하는 인물, 물건, 계절, 날씨 등 다양한 소재나 상황에 대한 느낌을 비유법으로 표현해 보도록 도와주세요.

-내가 가장 좋아하는 위인은 광개토대왕이다. 만약 내가 대왕님을 직접 만난다면, 마치 나는 복권에 당첨된 느낌일 것이다.
-내가 가장 좋아하는 날씨는 함박눈이 펑펑 내리는 날씨다. 함박눈이 쌓인 마을을 보면 마치 내 앞에 북극곰이 튀어나올 것 같다.
-내가 가장 좋아하는 취미는 손흥민 경기를 보는 것이다. 손흥민 경기를 보면 나는 마치 실제로 축구장에 있는 것처럼 기분이 좋다.
-내가 엄마한테 칭찬을 받을 때 내 마음은 마치 아이스크림 같다. 마음이 달달하고 시원해진다.
-엄마가 해준 소시지 야채볶음을 처음 먹었을 때 소시지들이 내 입에서 노래하며 춤 추는 것 같았다.
-무더운 여름날 내가 좋아하는 팥빙수를 급하게 퍼먹자 누군가 토르의 망치로 내 머리를 내려친 것 같이 찌릿했다.

변형 놀이 ★★★★★

▶ 자신의 감정이나 상태 등을 은유법으로 표현하고 그 이유를 적는 문장을 연습한다면 문학적인 글쓰기에 큰 도움이 될 것입니다.

코치 쌤 : "자신의 느낌이나 상태를 자연물이나 사물로 참신하게 표현해 보세요. 그리고 그 이유를 간단하게 적어보세요. 예를 들어, '나는 지금 구름이다. 하늘에 떠 있는 것처럼 자유롭기 때문이다."

아이1 : 나는 고슴도치다. 누구든 건들면 찌를 것 같기 때문이다.

아이2 : 내 마음은 깊은 터널 속이다. 아무것도 명확하게 보이는 것이 없고 답답하다.

아이3 : 나는 따뜻한 햇빛이다. 따뜻한 햇빛에서는 누구든 겉옷을 벗는 것처럼 누구나 나를 만나면 마음의 겉옷을 벗고 친해질 수 있기 때문이다.

포스트잇으로 놀이 글쓰기를 즐겨볼까요?

→ 자신이 좋아하는 것을 다른 것에 비유하는 문장을 만들어 보세요.

내가 좋아하는 (______________)을 먹으면

나는 마치 (______________________

______________________________)

처럼 기분이 좋습니다.

17. 동시 채우기 ★★★

동시의 마지막 부분을 상상력으로 채워 나만의 동시를 완성해 보자!

놀이 방법

1. 코치 쌤은 마지막 부분이 비어 있는 동시를 아이들과 즐겁게 낭독합니다.
2. 아이들은 상상력을 발휘하며 자신만의 동시를 완성해 봅니다.
3. 아이들은 서로 적은 문장을 발표하며 다양한 동시를 감상합니다. 코치 쌤은 아이들이 작성한 문장을 칭찬한 뒤, 원작 시의 내용도 공개합니다.

놀이 효과

문학적 상상력을 기를 수 있습니다.
동시 감상을 통해 감성을 풍요롭게 할 수 있습니다.

놀이 예시

코치 쌤은 <우산 속>이라는 동시를 낭독해 주었어요. 아이들에게 상상력을 발휘하여 마지막 빈칸을 채우도록 하였어요. 물방울의 소리나 모양을 떠올려 보며 2줄로 써 보라고 조언해 주셨어요.

우산 속

문삼석

우산 속은
엄마 품속 같아요.

빗방울들이
들어오고 싶어

(   )

문삼석, <우산 속>, 아동문예사

예린이는 빗방울이 우산 속에 들어오고 싶어 문을 두드리는 모습이 떠올랐어요. 그래서 이렇게 적었어요.

문을 열어주세요.
똑똑똑

코치 쌤은 아이들의 발표를 다 들은 후에 원래 시에는 이렇게 적혀 있었다고 알려주셨어요.

두두두두
야단이지요.

코치 쌤은 아이들이 쓴 글이 원래 시인이 쓴 글보다 더 훌륭한 것 같다고 칭찬해 주셨어요.

놀이 꿀팁

▶ 원작의 시인이 작성한 내용을 공개하면서 정답과 오답으로 나누려는 이분법적 사고를 경계해야 합니다. 오히려 시인과 비슷하게 쓴 글보다 자신만의 독창적이고 개성 있는 글을 더 많이 칭찬해 주세요.

▶ 아이들이 이 놀이를 통해 마음껏 상상력을 발휘할 수 있도록 우리가 평소에 반전이나 여운이 있는 동시를 골라두는 습관을 가지면 좋겠죠? 아래의 동시들을 활용해서 놀이를 더 즐겨볼까요? 괄호 부분을 빈칸으로 만들어 아이들과 함께 채워볼까요?

사탕

송현

입 안에서
오물오물
이 볼때기
볼록
저 볼때기
볼록
이리저리
올롱올롱

달콤달콤

(   )

굴렁쇠 아이들, <굴렁쇠 아이들 - 말썽꾸러기: 창작동요집>, 드림비트, 2006

원작: 아이고 달다

운동화

김현숙

운동화 빨아 놓고
하루 종일
놀다 왔다.

고사이
햇볕이 운동화
신고 놀았나?

운동화가

(   )

김현숙, 양후형, <특별한 숙제 : 김현숙 동시집>, 섬아이

원작: 따끈따끈하다

종이접기

강소천

빨강 빨강 종이론 무얼 접을까
파랑 파랑 종이론 무얼 접을까
빨간 꽃들 피어라 푸른 벌판에

(　　　　　　　　　　　　　　　　)

동요, <종이 접기>, 작사 강소천, 작곡 정세문)

원작: 파랑새들 날아라 푸른 하늘에

산토끼 똥

송찬호

산토끼가 똥을
누고 간 후에
혼자 남은 산토끼 똥은
그 까만 눈을
말똥말똥하게 뜨고
깊은 생각에 빠졌다

지금 토끼는

(   )

송찬호, <고양이가 돌아오는 저녁>, 문학과 지성사, 2009

원작: 어느 산을 넘고 있는가?

달팽이

홍선주

달팽이는
명상가

어느 철학자처럼
온종일
동그란 집 속에
웅크린 채
깊은 생각에
잠겨있어요.

아마도
(   )을/를
생각하나 보아요.

홍선주, <동시집: 비둘기나는 아침>, 아동문예사

원작: 우주의 크기

허수아비

박정식

'훠어이!'
아기 참새
쫓는 척만 하고

'네끼놈!'
아기 참새
겁준 척만 하고

정말은
아기 참새
안아주고 싶은
마음
(　　　　　　　　　)

문삼석, 전병호, 박정식, <낭송하고 싶은 우리 동시>, 좋은꿈

원작: 두 팔 벌렸다.

캔콜라

문현식

콜라는 네 가지 맛.
차아아아 따는 맛.
싸아아아 따르는 맛.
캬아아아 넘기는 맛.
커어어억 (   ).

문현식, <팝콘교실>, 창비

원작: 방금 먹은 삼겹살 맛

포스트잇으로 놀이 글쓰기를 즐겨볼까요?

→ 동시의 마지막 부분을 상상력으로 채워 나만의 동시를 완성해 보세요.

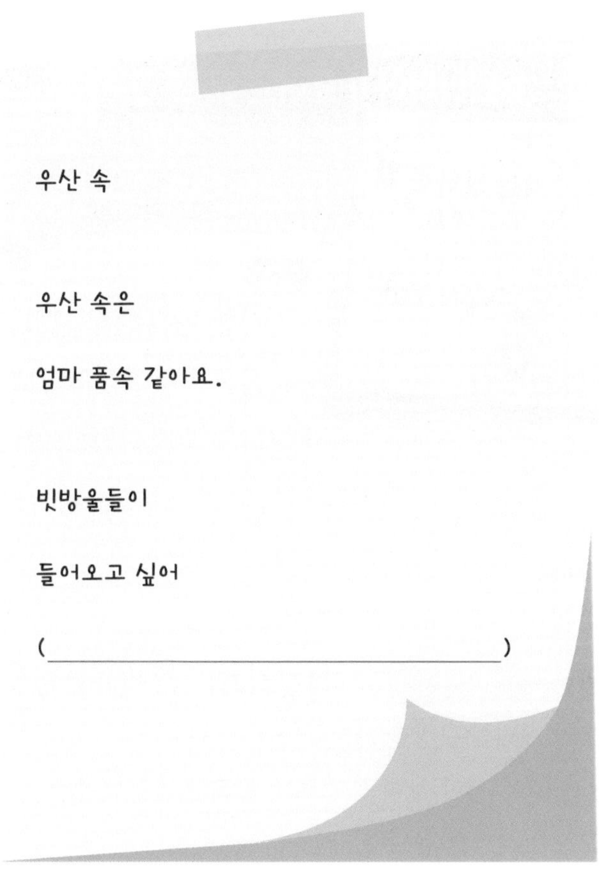

우산 속
우산 속은
엄마 품속 같아요.
빗방울들이
들어오고 싶어
(______________________________)

18. 동음이의어가 들어간 문장 만들기 ★★★

동음이의어가 동시에 들어간 재밌는 문장을 만들어 보자!

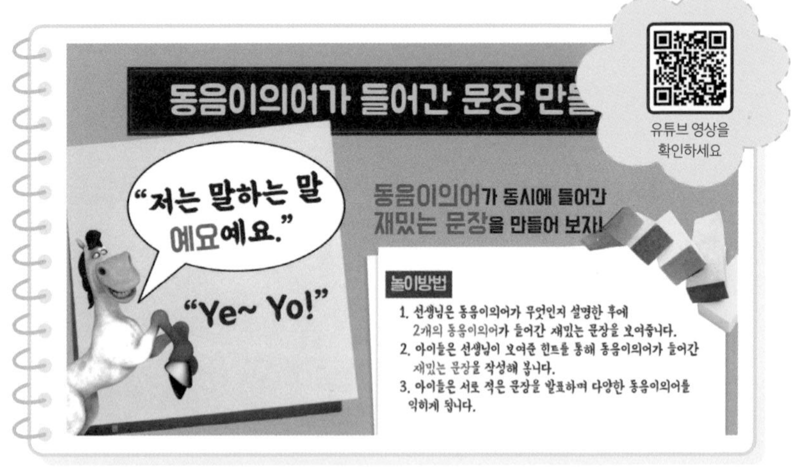

놀이 방법

1. 코치 쌤은 동음이의어가 무엇인지 설명한 후에 2개의 동음이의어가 들어간 재밌는 문장을 보여줍니다.
2. 아이들은 코치 쌤이 보여준 힌트를 통해 동음이의어가 들어간 재밌는 문장을 작성해 봅니다.
3. 아이들은 서로 적은 문장을 발표하며 다양한 동음이의어를 익히게 됩니다.

놀이 효과

동음이의어에 대한 이해력을 기를 수 있습니다.
다양한 어휘를 문장에 적용하는 능력을 기를 수 있습니다.

놀이 예시

코치 쌤은 아이들에게 동음이의어가 무엇인지 아래와 같이 설명을 해 주었어요.

'동음이의어'란?
두 단어의 발음은 같지만 의미가 다른 낱말들을 동음이의어라고 해요. 예를 들어, '배'라는 단어를 생각해보세요. 과일의 한 종류인 '배'도 있고, 우리 몸에 '배'도 있죠? 또, 바다에 떠다니는 '배'도 있어요. 물건을 셀 때 한 '배', 두 '배'라고 하죠? 이처럼 '배'라는 단어는 모양은 같지만, 의미가 완전히 다른 동음이의어에요.

코치 쌤은 '배'라는 단어를 다양하게 사용해서 이런 재밌는 문장을 만들었어요.

커다란 배를 타고 여행을 하면서 배가 너무 고파서 사과와 배를 너무 많이 먹었더니 배가 아파졌다.

코치 쌤은 아래와 같이 한 글자짜리 단어들을 보여 주며 동음이의어가 2개 이상 들어간 문장을 만들어 보라고 하셨어요.

밤, 눈, 병, 해, 풀, 상

혜영이는 '병'을 이용해서 이렇게 문장을 만들었어요.

이상한 병에 든 음료를 마시고 병에 걸렸다.

라은이는 '밤'과 '눈'을 이용해서 이렇게 긴 문장을 만들었어요.

늦은 밤에 밖에서 밤을 먹고 있었는데 흰 눈이 내 눈 위에 떨어지기 시작했다.

놀이 꿀팁

▶ 아이들과 함께 국어사전을 검색해 보며 더 많은 동음이의어를 찾아 보세요. 시간 가는 줄 모를 것입니다.

▶ 더 풍성하게 놀이를 즐기고 싶다면 두 글자 이상의 동음이의어를 활용하거나 명사가 아닌 동사도 활용할 수 있겠죠?

바람 : 1. 기압의 변화 또는 사람이나 기계에 의하여 일어나는 공기의 움직임.
2. 어떤 일이 이루어지기를 기다리는 간절한 마음.

의사 : 1. 일정한 자격을 가지고 병을 고치는 것을 직업으로 하는 사람.
2. 무엇을 하고자 하는 생각.

이성 : 1. 개념적으로 사유하는 능력을 감각적 능력에 상대하여 이르는 말.
2. 성(性)이 다른 것.

시장 : 1. 여러 가지 상품을 사고파는 일정한 장소.
2. 지방 자치 단체인 시의 책임자.

장사 : 1. 이익을 얻으려고 물건을 사서 팖.
2. 죽은 사람을 땅에 묻거나 화장하는 일.

소화 : 1. 섭취한 음식물을 분해하여 영양분을 흡수하기 쉬운 형태로 변화시키는 일.

2. 불을 끔.

예시)

따뜻한 봄바람이 불면 소풍을 갔으면 하는 바람이 있다.

갑자기 너무 아름다운 이성을 봐서 난 이성을 잃어버렸다.

변형 놀이 ★★★★

▶ 놀이의 수준을 더 높이고 싶다면 다양한 의미를 지닌 '동사'를 사용하여 문장을 만들어 보면 어떨까요?

맞다 : 1. 문제에 대한 답이 틀리지 아니하다.

2. 외부로부터 어떤 힘이 가해져 몸에 해를 입다.

3. 오는 사람이나 물건을 예의로 받아들이다.

쓰다 : 1. 붓, 펜, 연필과 같이 선을 그을 수 있는 도구로 종이 따위에 획을 그어 서 일정한 글자의 모양이 이루어지게 하다.
2. 모자 따위를 머리에 얹어 덮다.
3. 혀로 느끼는 맛이 한약이나 소태, 씀바귀의 맛과 같다.
4. 어떤 일을 하는 데에 재료나 도구, 수단을 이용하다.

타다 : 1. 탈것이나 짐승의 등 따위에 몸을 얹다.
2. 불씨나 높은 열로 불이 붙어 번지거나 불꽃이 일어나다.
3. 몫으로 주는 돈이나 물건 따위를 받다.
4. 다량의 액체에 소량의 액체나 가루 따위를 넣어 섞다.

차다 : 1. 발로 내어 지르거나 받아 올리다.
2. 몸에 닿은 물체나 대기의 온도가 낮다.
3. 일정한 공간에 사람, 사물, 냄새 따위가 더 들어갈 수 없이 가득하게 되다.
4. 물건을 몸의 한 부분에 달아매거나 끼워서 지니다.

예시)
나는 어제 일기장에 '약이 참 쓰다'라고 썼다.
태양이 뜨겁다 보니 목이 타고 피부도 타서 난 시원한 에어컨이 나오는 지하철을 탔다.

포스트잇으로 놀이 글쓰기를 즐겨볼까요?

→ 동음이의어가 동시에 들어간 재밌는 문장을 만들어 보세요.

'말', '다리', '김', '차', '등', '사과'

위에서 단어를 골라서 동음이의어가 2개 이상 들어간 문장을 만들어 보세요.

19. 서술어를 바꾸어 구체적인 문장 만들기 ★★★★

서술어를 더 생생하고 실감나는 표현으로 바꾸어 구체적인 문장을 만들어 보자!

놀이 방법

1. 코치 쌤은 추상적인 서술어가 들어간 문장을 제시한 뒤 서술어를 구체적으로 바꾸는 예시를 보여 줍니다.
2. 아이들은 제시된 문장에서 서술어를 구체적인 표현으로 바꾸어 봅니다.

2. 각자 만든 문장을 발표하며 구체적인 표현을 연습해 봅니다.

놀이 효과

다양한 서술어 표현을 익혀 표현력을 기를 수 있습니다.
문학적 글쓰기 능력을 기를 수 있습니다.

놀이 예시

코치 쌤은 아이들에게 아래와 같은 문장을 보여주었어요.

'우리 강아지는 사납습니다.'

코치 쌤은 '사납다'는 서술어를 더 생생하고 실감나는 표현으로 바꾸어 다음처럼 문장을 만들었습니다.

'우리 강아지는 처음 보는 사람만 나타나면 이빨을 드러내며 으르렁거립니다.'

코치 쌤은 아이들에게 다음 문장의 밑줄 친 부분을 구체적으로 바꾸어서 생생한 문장으로 만들어 보라고 했어요.

우리 삼촌은 착합니다.

라희는 삼촌이 크리스마스 선물을 주었던 것이 떠올라 이렇게 문장을 바꾸었습니다.

우리 삼촌은 크리스마스 때마다 우리에게 좋은 선물을 사줄 정도로 착합니다.

놀이 꿀팁

일상적이지만 추상적인 서술어를 구체적으로 바꾸는 연습을 꾸준히 한다면 글쓰기 실력은 향상되겠죠? 특히, 일기를 쓰거나 인물의 동작을 묘사하는 글을 쓸 때 효과적일 것입니다.

예시)
나는 책을 읽었다. →
나는 책이 뚫어져라 집중하며 읽었다.

예시)
나는 비빔밥을 먹었다. →
나는 배가 고파 숟가락을 삽처럼 들고 비빔밥을 마구 퍼먹었다.

포스트잇으로 놀이 글쓰기를 즐겨볼까요?

→ 서술어를 더 생생하고 실감나는 표현으로 바꾸어 구체적인 문장을 만들어 보세요.

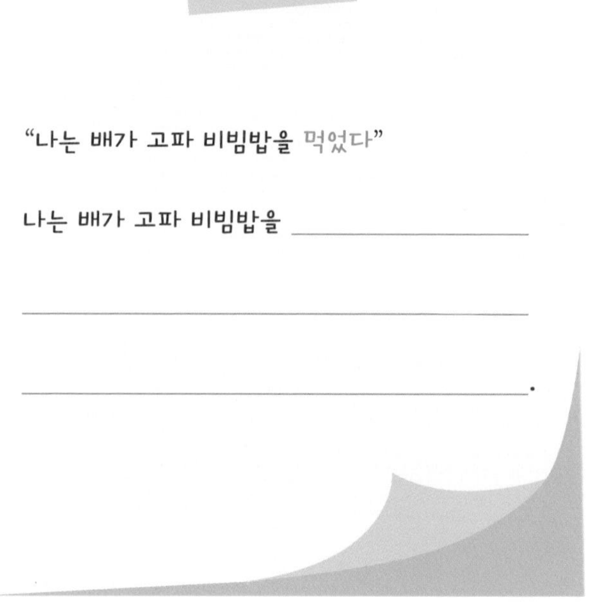

"나는 배가 고파 비빔밥을 먹었다"

나는 배가 고파 비빔밥을 ____________________

____

____.

20. 의성어+의태어 뽑기 놀이 ★★★★

의성어와 의태어를 각각 1개씩 뽑아서 문장을 만들어 보자!

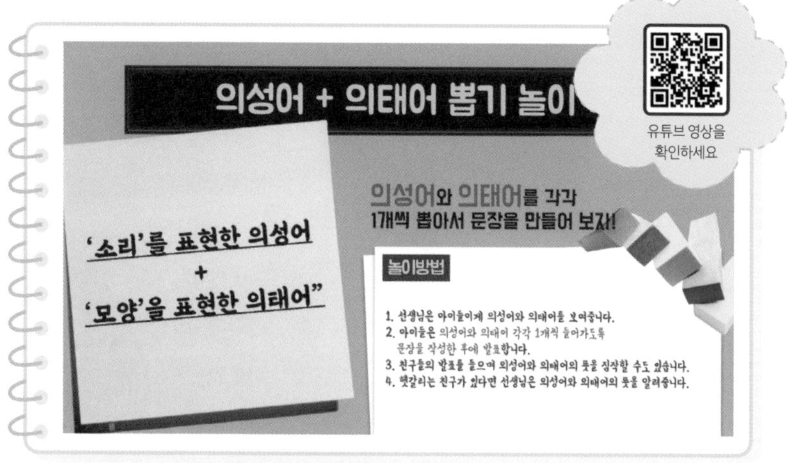

놀이 방법

1. 코치 쌤은 아래와 같이 의성어와 의태어 묶음을 준비합니다.
2. 아이들은 의성어 번호와 의태어 번호를 각각 하나씩 뽑습니다.
3. 코치 쌤은 의성어와 의태어를 공개하여 아이들이 뽑은 단어가 무엇인지 알게 해 줍니다.
4. 아이들은 자신이 뽑은 단어가 들어간 문장을 작성한 후에 발표합니다.

5. 코치 쌤은 의성어와 의태어의 뜻을 알려주고, 좋은 문장들을 칭찬 합니다.

의성어 15개	의태어 15개
1 : 키득키득	1 : 꾸벅꾸벅
2 : 킁킁	2 : 성큼성큼
3 : 또각또각	3 : 데굴데굴
4 : 후루룩	4 : 들썩들썩
5 : 꼬르륵	5 : 어슬렁어슬렁
6 : 달그락달그락	6 : 터벅터벅
7 : 바스락	7 : 다닥다닥
8 : 콜록콜록	8 : 기웃기웃
9 : 쨍그랑	9 : 야금야금
10 : 퐁당퐁당	10 : 파릇파릇
11 : 쓱싹	11 : 비틀비틀
12 : 우당탕	12 : 팔짝팔짝
13 : 딸랑딸랑	13 : 덩실덩실
14 : 덜커덩	14 : 으쓱으쓱
15 : 사각사각	15 : 대롱대롱

놀이 효과

다양한 의성어와 의태어를 재미있게 익힐 수 있습니다.
단어들을 조합하는 능력을 기를 수 있습니다.

놀이 예시

코치 쌤은 의성어와 의태어 묶음을 각각 준비한 뒤에 묶음에서 한 장씩 뽑아서 문장을 만들라고 했어요. 지환이가 뽑은 '의성어9(쨍그랑)'와 '의태어1(꾸벅꾸벅)'이었어요. 지환이는 이렇게 문장을 만들었어요.

'할아버지가 마루에 앉아 꾸벅꾸벅 졸고 있었는데 갑자기 창문이 쨍그랑 깨지는 소리가 났어요.'

놀이 꿀팁

다양한 의성어와 의태어를 준비한다면 놀이가 더욱 풍성해지겠죠?

의성어 15개 뜻

키득키득: 참지 못하여 새어 나오는 웃음소리

킁킁: 병이나 버릇으로 숨을 콧구멍으로 내는 소리

또각또각: 굽이 있는 구두 따위를 신고 걸을 때 나는 소리

후루룩: 물이나 죽 따위를 세게 빨아 들이마시는 소리

꼬르륵: 사람의 배 속이 끓을 때 나는 소리

달그락달그락: 작고 단단한 그릇이나 물건들이 서로 가볍게 부딪쳐 나는 소리

바스락: 마른 풀이나 얇은 종이 따위를 밟거나 건드리거나 뒤적일 때 나는 소리

콜록콜록: 입을 오므리고 힘겹게 내는 기침 소리

쨍그랑: 얇은 쇠붙이나 유리 따위가 맞부딪히거나 떨어질 때 울리어 나는 소리

퐁당퐁당: 작고 단단한 물건이 물에 떨어질 때 나는 소리

쓱싹: 톱질이나 줄질을 할 때 쓸리어 나는 소리

우당탕: 잘 울리는 바닥에 물건이 요란스레 떨어지거나 널마루에서 요 란스레 뛸 때 나는 소리

딸랑딸랑: 작은 방울 소리

덜커덩: 크고 단단한 물체끼리 부딪쳐 둔하게 울리는 소리

사각사각: 싱싱한 배나 사과 따위를 가볍게 씹을 때 나는 소리

의태어 15개 뜻

꾸벅꾸벅: 졸려서 머리를 꾸벅이며 깜박깜박 조는 모양

성큼성큼: 다리를 높이 들어 크게 떼어 놓는 모양

데굴데굴: 크고 단단한 물건이 계속해서 구르는 모양

들썩들썩: 물건이 들렸다 가라앉았다 하는 모양. 어깨나 엉덩이가 위 아래로 움직이는 모양

어슬렁어슬렁: 몸집이 큰 사람이나 큰 짐승이 걸어 다니는 모양

터벅터벅: 지친 다리로 무거운 발걸음을 천천히 떼어놓는 모양

다닥다닥: 작은 것이 한곳에 많이 붙어 있거나 몰려 있는 모양

기웃기웃: 고개나 몸 따위를 조금 기울이는 모양.

야금야금: 무엇을 입 안에 넣고 조금씩 씹는 모양

파릇파릇: 군데군데 새뜻하게 파란 모양

비틀비틀: 힘이 없거나 어지러워, 또는 몸의 균형을 잃어 금방 쓰러질 듯한 모양

팔짝팔짝: 갑자기 가볍게 날거나 뛰어오르는 모양

덩실덩실: 팔다리를 크고 흥겹게 놀리는 모양.

으쓱으쓱: 기분이 좋아 어깨를 들썩이는 모양

대롱대롱: 작은 물건이 매달려 늘어진 채로 가볍게 흔들리는 모양

포스트잇으로 놀이 글쓰기를 즐겨볼까요?

→ 의성어와 의태어를 각각 1개씩 뽑아서 문장을 만들어 보세요.

의성어 : ____________________

의태어 : ____________________

* ____

____.

의성어 : 키득키득, 킁킁, 또각또각, 후루룩, 꼬르륵, 달그락달그락, 바스락,
콜록콜록, 쨍그랑, 퐁당퐁당, 쓱싹, 우당탕,
딸랑딸랑, 덜커덕, 사각사각

의태어 : 꾸벅꾸벅, 성큼성큼, 데굴데굴, 들썩들썩, 어슬렁어슬렁,
터벅터벅, 다닥다닥, 기웃기웃, 야금야금, 파릇파릇,
비틀비틀, 팔짝팔짝, 덩실덩실, 으쓱으쓱

21. 과일이나 동물 이름으로 언어유희하기 ★★★★

과일이나 동물 이름 등을 동음이의어로 활용하여 웃기는 문장을 만들어 보자!

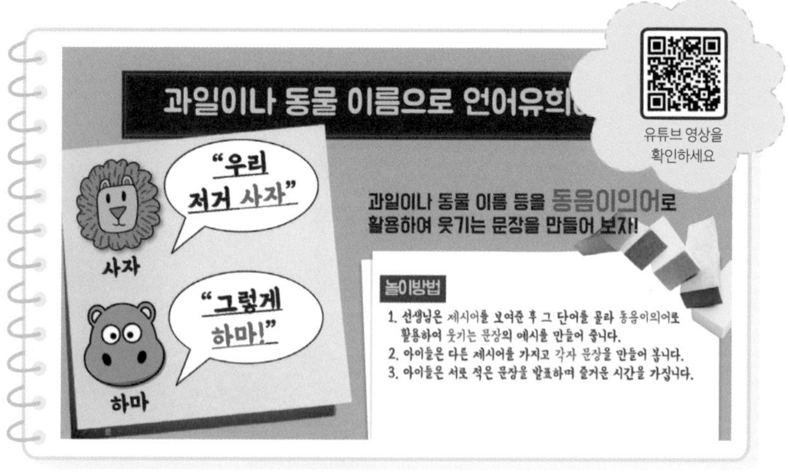

놀이 방법

1. 코치 쌤은 제시어를 보여준 후 그 단어를 골라 동음이의어로 활용하여 웃기는 문장의 예시를 만들어 줍니다.
2. 아이들은 다른 제시어를 가지고 각자 문장을 만들어 봅니다.
3. 아이들은 서로 적은 문장을 발표하며 즐거운 시간을 가집니다.

놀이 효과

동음이의어에 대한 이해력을 높일 수 있습니다.
어휘력과 유머 감각을 기를 수 있습니다.

놀이 예시

코치 쌤은 제시어 '사슴'을 보여준 후 아래와 같이 그 단어와 발음이 비슷하지만 의미가 다른 문장의 예를 들어 주셨어요.

"난 이미 그 물건 사슴(샀음)."
"알았다, 나도 공부 하마."

코치 쌤은 아이들에게 다음과 같이 단어들을 보여 주셨어요.

사슴, 새우, 고기, 하마, 토끼, 거북, 오렌지, 참외, 가지, 여우, 수박, 고라니, 코끼리, 타조

코치 쌤은 아이들에게 단어를 하나 선택하여 재밌는 문장을 만들어 보라고 했어요. 은로는 '새우'를 선택해서 이렇게 문장을 만들었어요.

'우리 동생은 잠꾸러기라서 한 번 잠들면 다시 새우(세우)기가 힘들어요.'

놀이 꿀팁

▶ 언어유희 예시

사슴, 새우, 고기, 하마, 토끼, 거북, 오렌지, 참외, 가지, 여우, 수박, 고라니, 코끼리, 타조

자 이번에 들려드릴 곡은 돼지고기입니다.
알았다, 나도 공부하마.
돈 가지고 토끼지 마세요!
어제 많이 먹었더니 속이 거북하네요.
우리 만난 지 얼마나 오렌지 아니?
요즘엔 날씨도 춥고 참 외롭다.
방과 후에 PC방 가지 마세요.
안녕하세요, 가수 박나래입니다.
이미 늦은 숙제를 밥 먹고 한다고? 밥 먹고라니!
코가 못생긴 애들, 주먹코, 들창코, 끼리끼리 잘 논다~
저는 높은 것이 무서워서 바이킹은 못 타조.

포스트잇으로 놀이 글쓰기를 즐겨볼까요?

→ 과일이나 동물 이름 등을 동음이의어로 활용하여 웃기는 문장을 만들어 보세요. .

'사슴', '새우', '고기', '하마', '토끼', '수박'

위의 키워드 중 하나를 선택하여 문장을 만들어 보세요.

*____

____.

22. 속담이나 관용 표현이 들어간 문장 만들기 ★★★★

제시된 키워드를 듣고 그 단어가 들어간 속담이나 관용 표현을 생각해 보자!

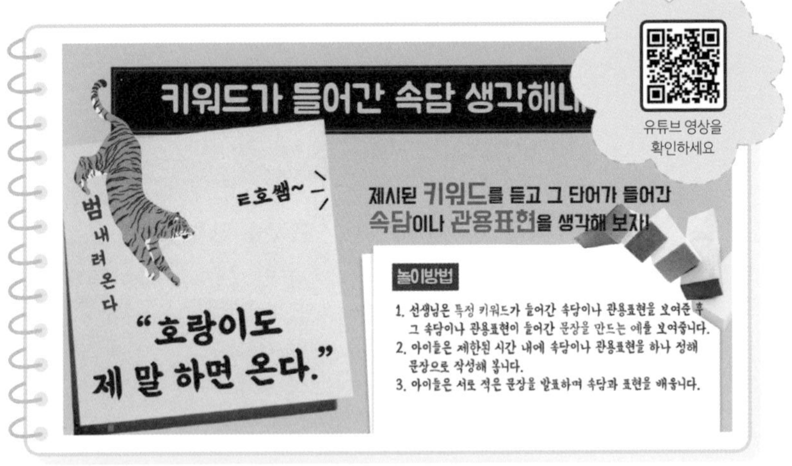

놀이 방법

1. 코치 쌤은 특정 키워드가 들어간 속담이나 관용 표현을 보여준 후 그 속담이나 관용 표현이 들어간 문장을 만드는 예를 보여줍니다.
2. 아이들은 제한된 시간 내에 속담이나 관용 표현을 하나 정해 문장으로 작성해 봅니다.

3. 아이들은 서로 적은 문장을 발표하며 속담과 표현을 배웁니다.

놀이 효과

속담이나 관용적인 표현에 대한 이해력을 기를 수 있습니다.
다양한 표현을 문장에 적용하는 능력을 기를 수 있습니다.

놀이 예시

코치 쌤은 제시어를 알려준 뒤 속담이나 관용적인 표현이 들어간 문장을 하나씩 적어 보자고 했어요. 코치 쌤이 제시한 단어는 '호랑이'였고, 아래와 같은 문장을 예를 들었어요.

'호랑이'는 죽어서 가죽을 남기고 사람은 죽어서 이름을 남긴다고 하는데 저도 오랫동안 제 이름을 여러분의 마음에 남기고 싶습니다.

코치 쌤은 '호랑이'가 들어간 다양한 표현들을 알려 주셨어요.

호랑이는 죽어서 가죽을 남기고 사람은 죽어서 이름을 남긴다
호랑이 담배 피울 적이다

호랑이도 제 말 하면 온다

호랑이 없는 골에 토끼가 왕 노릇 한다

호랑이에게 물려 가도 정신만 차리면 산다

희원이는 얼마전에 읽었던 전래동화가 생각나서 이렇게 문장을 만들었어요.

이 이야기는 '호랑이' 담배 피울 적에 있었던 일입니다.

희원이와 친구들은 각자 읽은 문장을 발표했어요.

놀이 꿀팁

▶ 더 많은 속담을 연상시키고 싶다면, 키워드를 '동물', '식물', '물', '불' 등 추상적으로 제시할 수도 있습니다.

ex) '물'이 들어간 속담들(관용 표현)

돈을 물 쓰듯 한다

물과 불 같다

물과 기름 같다

사람을 물로 본다

물찬 제비 같다

물 만난 고기 같다

물이 너무 맑으면 고기가 없다

물에 빠져 지푸라기라도 잡는다

물에 빠진 생쥐 같다

부부싸움은 칼로 물베기 같다

이미 엎지른 물이다

사람 속은 천 길 물속이다

ex) '불'이 들어간 속담들(관용 표현)

불(을) 보듯 뻔하다
눈에 불을 켜다
강 건너 불구경한다
건넛마을 불구경하듯 한다
발등의 불을 끄다
불난 집에 부채질한다
번갯불에 콩 볶아 먹겠다

ex) '새(다양한 새 종류)'가 들어간 속담들(관용 표현)

새 발의 피
나는 새도 떨어뜨린다
꿩 대신 닭
닭 소 보듯, 소 닭 보듯 한다
닭 쫓던 개 지붕(먼 산) 쳐다보듯 한다
참새는 황새의 뜻을 모른다
참새가 방앗간을 그저 지나랴
물 찬 제비같다
까마귀 날자 배 떨어진다

▶ 국어사전이나 네이버 국어사전 '속담·관용구' 검색 기능을 활용하면 미리 제시어와 속담을 준비해 둘 수 있습니다.

변형 놀이 1 ★★

▶ 속담이나 관용적인 표현에 공통으로 들어갈 단어를 맞히는 놀이를 할 수도 있습니다.

" 저 부자는 어렸을 때 가난했던 시절은 까마득히 잊어버린 것 같군.
마치 (   ) 올챙이 적 생각 못하는 것 같아."

"겨우 동네에서 1등 한번 했다고 우쭐거리는 모습을 보니,
우물 안 (   ) 같네."

정답 : 개구리

"우리 중에 누군가 선생님께 가서 우리가 잘못한 것을 솔직히 말씀 드려야 하는데...누가 하지? (　　) 목에 방울 달기처럼 어렵네."
"너한테 이 과자를 잠깐 맡기라고? 차라리 (　　)한테 생선을 맡기겠다."

정답 : 고양이

변형 놀이 2 ★★★★★

▶ 속담이나 관용적인 표현을 알려주지 않은 상태에서 제시어만 알려준 후에 스스로 속담이나 관용 표현을 생각해 내서 문장을 만드는 놀이를 할 수도 있어요.

코치 쌤 : "제시어는 '눈(eye)'입니다. 여러분, '눈'이 들어간 속담이나 관용 표현을 이용하여 문장을 만들어 볼까요?"

재영 : "남들이 뭐래도 나한테는 울 엄마가 최고 미인입니다. 제 '눈'에 안경인가 봅니다."
하연 : "내 '눈'에 흙이 들어가기 전에는 숙제를 안 할 생각입니다."

포스트잇으로 놀이 글쓰기를 즐겨볼까요?

→ 제시된 키워드를 듣고 그 단어가 들어간 속담이나 관용 표현을 써 보세요.

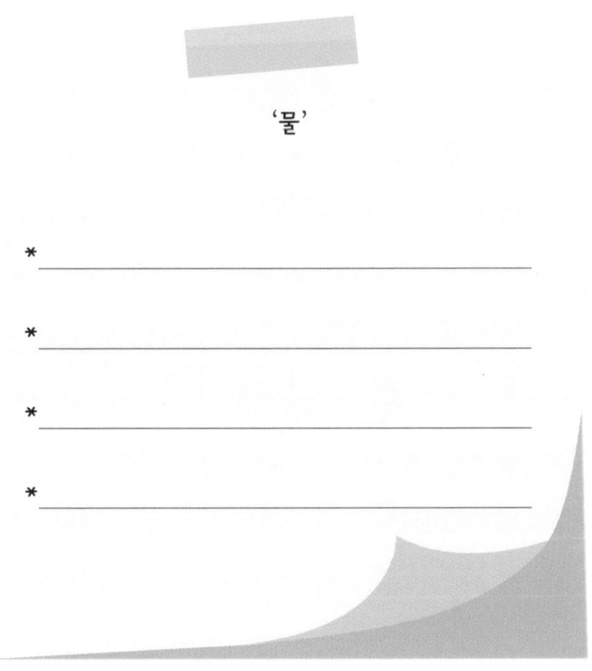

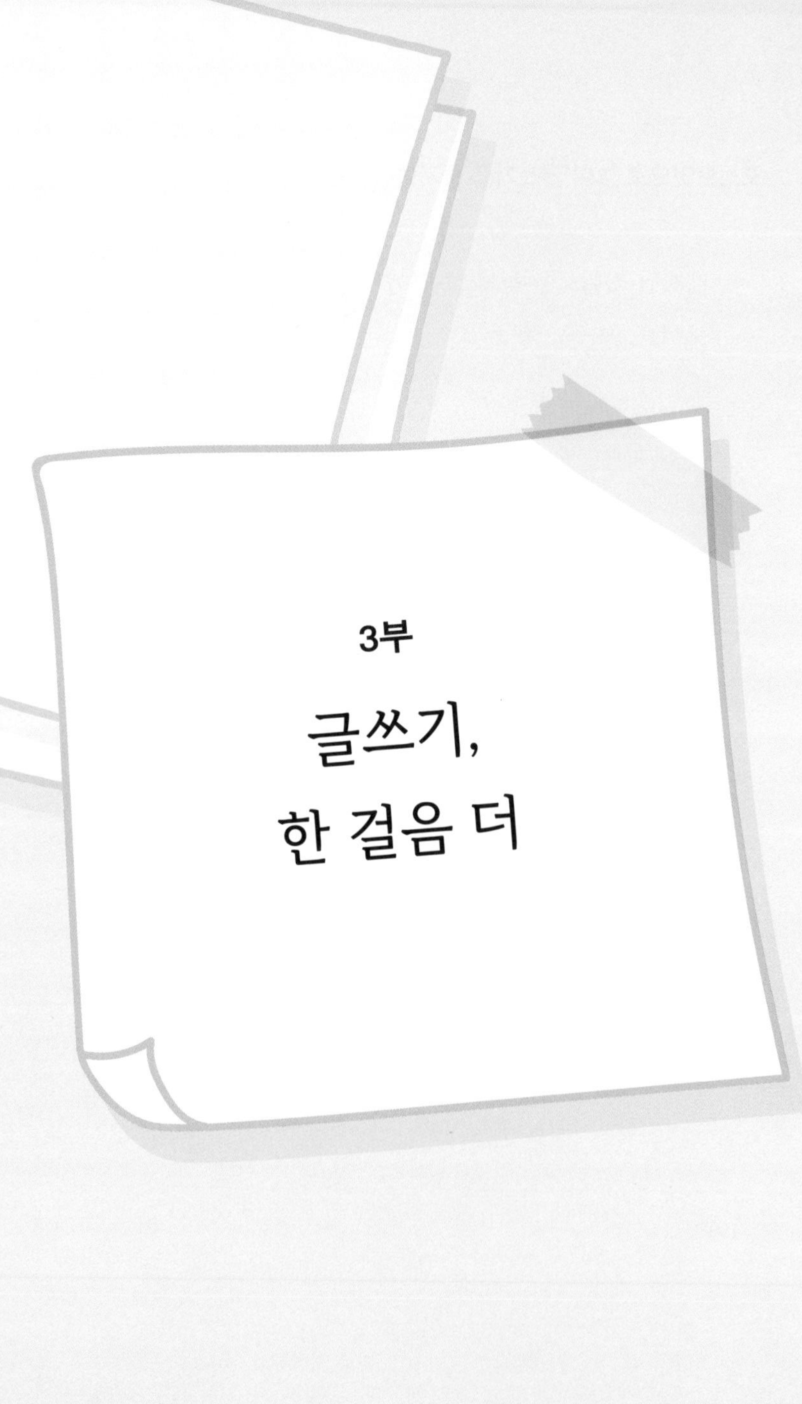

3부

글쓰기,
한 걸음 더

아이들이 좋아하는 글감 10가지

아이들의 상상력과 창의력을 키워 줄 수 있는 글감들을 정리해 보았습니다. 아주 작은 포스트잇이 드넓게 펼쳐진 새로운 세계로 이어지는 문이 될 수 있습니다. 아이들과 함께 다양한 주제로 포스트잇 글쓰기를 즐겨 보세요!

1. 처음 해보는 것에 대하여

아이들이든 어른이든 '처음', '첫' 이라는 단어가 주는 설렘과 즐거움이 있죠. 처음과 관련된 것으로 글을 써 보면 어떨까요? 첫 여행, 등교 첫날, 첫 베스트 프렌드, 첫 크리스마스 선물, 첫 심부름, 처음으로 자전거 타기 등등 쓸 거리가 무궁무진하죠?

예시)
내가 기억하는 첫
여행은 가족들과 강원도
강릉에 간 것이다. 거기서
시원한 바닷물에서 튜브를
타고 놀았고 맛있는 회도
처음 먹었다.

예시)
나는 학교에서 처음 사귄 친
구는 명훈이다.
명훈이는 웃는 모습이
귀엽고, 자전거를 잘 탄다.
나한테 자전거 타는 방법을
알려주어서 고맙다.

2. 발명품에 대하여

기발하고 엉뚱한 발명품을 생각해 보는 일만큼 즐거운 일이 얼마나 있을까요? 우리 어른들은 실용적이고 유용한 발명품을 생각해야 한다는 강박관념 때문에 이러한 글쓰기를 즐기지 못할 수도 있겠습니다. 아이들과 함께 유용하지 않은 재밌고 기발한 발명품을 생각해 보려고 하세요! 잊을 수 없는 글쓰기의 즐거움을 만끽할 수 있습니다.

예시)
나는 시력이 안 좋아서 안경을 낀다. 밤에 길을 돌아다닐 때 불편할 때가 많다. 강한 빛이 나오는 안경이 만들어졌으면 좋겠다.

예시)
나는 아이스크림을 너무 좋아한다. 그래서 살이 찐 적이 많다. 나는 먹을수록 살이 빠지는 다이어트 아이스크림을 발명하고 싶다. 맛도 좋으면서 살까지 빠지면 인기가 엄청 많을 거다.

만약 자신이 아래에 나오는 히트 상품을 발명했다고 가정하고, 사람들에게 처음으로 상품을 소개하는 글을 써 보면 어떨까요? 재밌지 않을까요?

AP통신 선정 20세기 10대 히트 상품

◇ 지퍼 : 1913년 지든 선드백이 고안했다.
B.F.굿 리치사 (社)가 고무 덧신을 죄는 데 사용하면서 '지퍼' 라고 명명했다.

◇ 아이스크림 콘 : 1904년 세인트 루이스 세계박람회에서 첫선.
1년 앞서 이탈로 마르코니는 아이스크림을 담을 수 있는 원뿔형 종이봉지의 특허를 받았다.

◇ 네온사인 : 네온가스를 발견한 것은 영국 출신의 두 화학자.
11년 뒤 프랑스의 물리학자 조지 클로드가 오렌지 빛의 유리관에 가스를 모으는데 성공, 파리시내의 건물들을 장식하기 시작했다.

◇ 셀로판 : 1912년 파리의 카페 주인 자크 브랜데버거가 테이블 보에 묻은 와인이나 커피 등의 자국을 가리기 위해 개발했다.

◇ 일회용 반창고 : 존슨 붕대 회사의 바이어였던 엘레 딕슨이 신혼시절 부인의 작은 상처를 치료해주기 위해 개발했다.

◇ 복사기 : 1938년 체스터 칼슨이 정전식(靜電式) 복사기를 발명한 뒤, 1950년 미국 할로이드사가 제록스 1호를 생산하면서 실용화됐다.

◇ 접착 메모지 : 1973년 미국의 스펜서 실버가 발명했을 당시 친구들로부터 무엇에 쓰느냐며 핀잔을 받았다. 그러나 당시 3M사에 다니던 친구 아서 프라이에 의해 상품화 돼 전 세계적으로 유용하게 쓰이고 있다.

◇ 놀이용 원반 : 20세기 중반 미국 뉴햄프셔의 빌 로브스와 LA의 프레데릭 모리슨이 '우주 비행접시'와 '프루토 접시'란 이름으로 각각 상품화했다.

◇ 종이 끼우는 클립 : 20세기 초 독일에 거주하던 노르웨이인 요한 바알 러는 구부러진 철사를 이용해 종이를 묶음으로써 종이가 흩어지지 않게 하는 방법을 고안해 냈다.

◇ 볼펜 : 2차 대전 중 헝가리 발명가 라즐로 비로가 발명했으며 1943년 아르헨티나에서 특허권을 얻은 뒤 상품화됐다.

출처: [네이버 지식백과] 20세기 10대 히트상품 (시사상식사전, pmg 지식엔진연구소)

예시)
여러분, '복사기'라는 획기적인 기계를 소개합니다. 어떤 종이에 들어 있는 내용을 그대로 다른 종이에 복제하는 제품입니다. 자, 한 번 보여드릴까요?

3. 영웅에 대하여

어쩌면 아이들에게 부모님이나 선생님보다 더 큰 영향을 미치는 존재는 아이들이 좋아하는 어떤 영웅이나 캐릭터 일지도 모릅니다. 영웅 영화의 수퍼 히어로일 수 도 있고, 만화 속 캐릭터 일수도 있죠. 어쩌면 유튜버나 운동선수 일수도 있고요. 그 영웅과 인터뷰를 하거나 데이트를 한다는 상상을 글로 표현해보면 어떨까요? 근사한 추억이 생기지 않을까요?

예시)
내 영웅은 아이언맨이다. 나는 아이언맨의 모든 영화를 다 봤으며, 어떤 대사들은 외울 정도다. 아이언 맨을 만날 수 있다면, 나도 그 수트를 입어보고 싶다. 하늘을 날아다니며 악당을 물리치면 정말 신날 거 같다.

예시)
나는 해리포터를 정말 좋아한다. 그래서 해리포터의 작가 조앤 롤링을 만나서 어떻게 그런 소설을 쓰게 되었는지 직접 물어보고 싶다. 글을 잘 쓰는 비법을 배워 나도 나중에 판타지 소설 작가가 되고 싶다.

4. 음식에 대하여

음식에 대해 이야기를 하다보면 더 친밀해집니다. 글도 그렇죠. 자신이 좋아하는 음식에 대한 글을 공유하면 더욱 가까워집니다. 음식을 자세하게 묘사하는 글을 써 보며 문학적인 감각도 키울 수도 있죠. 맛깔나게 음식을 묘사하는 글을 아이들과 함께 연습해 볼까요?

예시)
작년 여름 친구와
밖에서 놀다보니 땀이 뻘뻘
흘렀다. 우리는 갑자기 비빔
냉면이 먹고 싶어서 둘이
가진 용돈을 합쳐서 비빔
냉면을 시켰다. 얼음처럼
시원하면서도 매콤한 그 맛을
잊을 수 없다. 우리는 서로
말도 안 하고 마지막
면발까지 후루룩 먹었다.

예시)
엄마가 내 생일 때
사준 냠냠 베이커리에서
파는 초코 케이크가 생각난다.
케이크 위에는 손톱만한
하트모양의 과자가 정말
예뻤다. 초코 케이크 표면을
덮은 바삭한 초콜릿은 너무
달지 않아 맛있었고, 케이크
빵 안에도 초코칩이 박혀
있어서 맛있었다.

5. 여행에 대하여

'여행'만큼 매력적인 글감이 있을까요? 여행을 통해 우리는 새로운 것을 경험하고 배우고 또 성장하게 됩니다. 그러므로 여행에 관한 글을 많이 읽고 쓰는 것은 글쓰기 실력을 향상시키는 좋은 방법이죠. 소풍도 좋고 여름방학 여행도 좋습니다. 상상력을 발휘해 세계여행이나 우주여행에 대해 써 보는 것도 강추입니다!

예시)
가족들과 제주도에 여행을 갔었다. 돌하르방도 신기했고, 말을 처음 타본 것도 신기했다. 성산 일출봉에 올라가서 제주도와 바다를 내려볼 때 바람이 너무 세서 무서웠지만 상쾌했다. 나중에 또 제주도에 간다면 아빠한테 낚시를 배워서 해보고 싶다.

예시)
내가 만약 우주여행을 할 수 있다면 화성에 가보고 싶다. 가장 먼저 개발되는 행성일 것이기 때문이다. 화성에서 식물을 기른다면 어떤 느낌일지 궁금하다. 또 화성에서 지구를 본다면 어떻게 보일지 궁금하다.

6. 죽음에 대하여

어쩌면 아이들에게 글쓰기 어려운 주제일 수도 있겠지만, 이 주제만큼 우리의 삶과 우리의 글을 성장시키는 주제도 드물 것입니다. 소중한 존재의 죽음을, 혹은 자신의 죽음을 의식하는 것만으로도 우리 내면의 깊이는 깊어질 거예요. 타자의 죽음에 관한 글을 써 보는 것도 의미가 있고요. 자신의 죽음을 가정하고 가상의 유언장을 써 보는 것도 괜찮을 것입니다.

예시)
할머니가 돌아가셨을 때 나는 늦잠만 쿨쿨 잠만 자고 있었다. 엄마가 나를 깨워서 시골에 가야 한다고 했을 때 나는 아무것도
모르고 할머니네 놀러가는 줄 알았다. 부모님이 모두 어두운 표정으로 검은 옷을 입으셔서 나는 무언가 이상하다고 생각했었다.

예시)
내가 만약 죽는다면 이렇게 유언을 남기고 싶다. 나의 모든 재산을 아동학대를 받는 아이들을 위해 사용
했으면 좋겠다. 나는 아직 재산이 없지만 내가 죽을 때는 돈이 많을지도 모르니까.

7. 잘한 일에 대하여

칭찬은 고래를 춤추게 한다고 하죠. 자신이 잘한 일을 기념하며 칭찬하는 습관은 아이들을 정신적으로 건강하게 해 줄 것입니다. 또한, 자신이 잘한 일을 글로 표현하다 보면 쉽고 즐겁게 글쓰기를 습관화할 수 있을 것입니다. 자, 아이들에게 질문해 볼까요? 이번 주에, 올해 네가 가장 잘한 일은 무엇이라고 생각하니?

예시)
내가 이번 주에 가장 잘한 일은 월요일 저녁에 엄마 설거지를 도와드린 것이다. 엄마는 월요일마다 일이 가장 많아서 늘 피곤해 하신다. 월요일 저녁 설거지를 도와드렸더니 엄마가 고맙다고 하신 뒤에 누워서 쉬었다.

예시)
나는 몇 달 전에 부모님을 졸라 반려견 멍이를 입양했다. 그게 올해 가장 잘한 일이다. 멍이는 자주 멍하게 있지만 우리를 보면 반갑게 꼬리를 흔들고 재롱을 부린다. 우리 가족은 멍이 때문에 더 많이 웃게 되었고 더 행복해졌다.

8. 창피한 실수에 대하여

누구나 실수를 합니다. 우리의 전통적인 문화에서는 실수를 꺼내놓고 얘기하는 것이 체면을 깎는 행위로 간주되는 경우가 많았죠. 이제는 시대가 바뀌었습니다. 더 개방적인 마음으로 실수에 대해서도 글을 써 보면 어떨까요? 어른들이 먼저 모범을 보여도 좋겠죠? 진솔함과 웃음이 묻어 나오는 좋은 글이 탄생할 수 있을 것입니다!

예시)
얼마 전 친구와 게임을 하는 데 갑자기 뿡하고 방귀가 나왔다. 친구는 막 웃으며 소리를 지르고 방을 뛰쳐 나갔다. 그래서 우리 팀은 게임에서 졌다. 나는 창피해서 미안하다고 했다. 그 날 이후로 그 친구와 더 친해진 것 같다.

예시)
동생이랑 아파트 앞 놀이터에서 눈사람을 만들었다. 동생이 만든 눈사람을 보니 머리가 너무 크고 못생겨서 막 놀렸다. 그런데 지나가는 아줌마들이 내가 만든 눈사람보다 동생이 만든 눈사람이 더 멋지다고 해서 창피했다. 동생을 놀리면 안 되겠다.

9. 자신의 보물에 대하여

여러분이 가장 소중하게 여기는 물건은 무엇인가요? 누구나 애착을 가진 물건이 있을 것입니다. 그 물건에 대한 내 생각이나 느낌을 글로 써 보는 것은 좋은 글쓰기 연습이 될 수 있죠. 자, 우리 아이들은 자신의 보물에 대해 어떤 글을 쓸까요?

예시)
내 보물 1호는 손흥민 선수의 사인이 있는 축구공이다. 그 사인은 아빠와 3시간 동안 줄을 서서 받아낸 것이다. 나는 기분이 나쁘거나 힘든 일이 있으면 그 축구공을 껴안고 잔다. 마치 손흥민 선수가 나와 함께 있는 느낌이다.

예시)
나의 가장 소중한 물건은 이모가 선물해준 예쁜 엘사 머리띠다. 친구들은 이 머리띠가 나랑 잘 어울린다고 칭찬해 주었다. 이 머리띠를 하고 있으면 마치 얼음나라의 공주가 된 느낌이 든다.

10. 미래의 나에게 쓰는 편지

여러분도 어렸을 때 이런 상상을 가장 많이 했을 것입니다. '나는 어른이 되면 어떤 모습일까?' 우리 아이들도 마찬가지겠죠? 미래의 나에게 편지를 써 보면 얼마나 재밌을까요? 10년 후의 모습을 떠올려 보며 짧은 편지를 써 보세요. 10년 후가 너무 가깝다면 100년은 어때요? 우리 아이들 수명은 상상을 초월할 정도로 길어질 수 있으니까요!

예시)
10년 후의 나에게.
안녕? 만약 내 상상이 맞다면
대학생이겠구나. 대학에서
하는 공부는 어렵지 않니?
조금만 참으렴. 자동차
디자이너가 될 수 있을 거야.
알록달록한 무지개색 자동차를
그려볼 수 있을 거야.

예시)
100년 후의 나에게. 100년이
라니 상상이 안 된다. 100년
동안 얼마나 많은
친구를 만들었을까? 돈은
얼마나 벌었을까? 항상
건강하게 살자. 초등학생 때
행복했던 추억을 잊지 말자.

아이들이 필사하면 좋은 명언들

1. 위대한 사람은 절대로 기회가 부족하다고 불평하지 않는다.

(랄프 왈도 에머슨)

필사하기 위한 공간

2. 웃음은 얼굴에서 겨울을 몰아내는 태양이다. (빅토르 위고)

필사하기 위한 공간

3. 이 세상 모든 의미 있는 일들은 위험 속에서 이루어졌다.

(마키아벨리)

필사하기 위한 공간

4. 위대한 업적을 이루려면 행동하고 꿈을 꾸어야 한다. (아나톨 프랑스)

필사하기 위한 공간

5. 말해야 할 때와 침묵해야 할 때를 아는 것은 훌륭한 일이다. (세네카)

필사하기 위한 공간

6. 성공이란 실패를 거듭하면서도 열정을 잃지 않는 능력이다. (윈스턴 처칠)

필사하기 위한 공간

7. 그대의 마음을 즐겁게 만드는 비결은 함께 사는 사람들의 장점을 떠올리는 일이다. (아우렐리우스)

필사하기 위한 공간

8. 인간은 항상 필요한 것보다 더 많은 것을 바란다. (마크 트웨인)

필사하기 위한 공간

9. 누군가 내 마음을 이해해 주는 것보다 더 큰 위안은 없다.

(조지 산타야나)

필사하기 위한 공간

10. 내일 지구의 종말이 온다 할지라도, 나는 오늘 한그루의 사과나무를 심겠다. (마르틴 루터)

필사하기 위한 공간

11. 누가 가장 행복한 사람인가? 남의 장점을 존중해 주고 남의 기쁨을 자기의 것인 양 기뻐하는 자이다. (괴테)

필사하기 위한 공간

12. 사막은 어딘가에 샘을 숨기고 있기에 더욱 아름다운 것이다. (생텍쥐페리)

필사하기 위한 공간

13. 우울한 사람은 과거에 살고, 불안한 사람은 미래에 살며, 평온한 사람은 현재에 산다. (노자)

필사하기 위한 공간

14. 우리 인생에서 참으로 소중한 것은 어떤 사회적인 지위나 신분, 소유물이 아니라 우리들 자신이 누구인지를 아는 일이다. (법정스님)

필사하기 위한 공간

15. 둔필승총(鈍筆勝聰), 둔한 붓이 총명함을 이긴다. (정약용)

필사하기 위한 공간

마지막 명언은 저희 습관코칭연구소의 표어와도 같은 말입니다. 둔필승총. 이렇게도 바꿀 수 있을 것입니다.

메모 습관이 총명한 머리보다 낫다.

이 작은 메모가 천재도 이길 수 있습니다. 포스트잇 글쓰기의 힘을 믿고 힘차게 달려보세요!

명언 출처 : [철학자들의 명언500], 김태현

독자 질의응답

저희가 그 동안 포스트잇 놀이 글쓰기 코칭 과정을 진행하면서 수강생들께 들었던 질의내용을 정리하였습니다.

Q[교사].

"아이들과 포스트잇 놀이 글쓰기를 실제로 해보니 아이들이 너무 즐거워해서 시간 가는 줄 몰랐습니다. 그런데 놀이가 다 끝난 후에 아이들이 작성한 포스트잇을 어떻게 해야 할지 몰라서 당황했습니다. 교실 벽에는 그 많은 포스트잇을 붙일만한 공간이 부족하거든요."

A.

학교 게시판에 남는 곳이 있다면 한 학생당 몇 장씩 할당해서 붙이는 것도 좋은 방법일 것입니다. 만약 공간이 부족하다면, 학생당 사무용 비닐 파일을 1개씩 준비하여 비닐 안에 스크랩하여 보관하도록 하는 것이 좋습니다. 아이들은 그 파일을 보물처럼 소중히 여길 것이고, 부모님들도 매우 흡족하실 거예요.

Q[교사].

"다양한 놀이를 접할 수 있어서 너무 좋았습니다. 아이들과 수업 시간에 놀이를 즐기고 싶은데 어떤 식으로 시간 구성을 하면 좋을까요?"

A.

아이들의 학년이나 관심도 등에 따라 달라질 것입니다. 저희가 추천 드리는 방식은 한 주에 한 번, 40분 수업시간 동안 2-3개 놀이를 즐기는 방식입니다. 그 정도 시간이라면 다양한 아이들의 발표도 충분히 들어볼 수 있고 집중도도 유지할 수 있습니다.

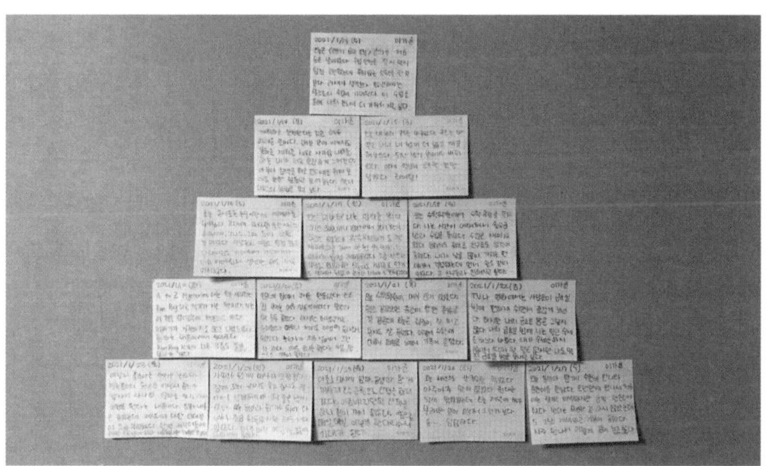

포스트잇 피라미드 보신 적 있으신가요? 티끌 모아 태산이 아니라, '메모 모아 태산'입니다.

Q[학부모].

"우리는 어렸을 때 스파르타 식으로 공부했잖아요. 일기장이나 독후감 과제를 제대로 하지 않으면 회초리를 맞기도 했죠. 우리 때와 달리 아이들이 즐겁게 글쓰기를 배우는 모습이 보기 좋지만, 한편으로 포스트잇 놀이를 통해 글쓰기가 지나치게 놀이나 게임 위주로만 흘러가지는 않을까 살짝 걱정이 되네요."

A.

우리 어른들이 스스로를 향해 한번 진지하게 물어보았으면 좋겠습니다. 스파르타 식으로 글쓰기를 배운 우리는 결국 글쓰기를 좋아하게 되었나요? 오히려 글쓰기를 더 혐오하고 기피하게 되었죠. 아이들은 놀이와 게임을 통해 글쓰기에 대해 긍정적인 감정과 애착을 가지게 됩니다. 당장 글쓰기 실력이 향상되지 않는다고 조급하게 생각하지 마세요. 각 놀이를 충분히 즐길 수 있도록 격려해 주세요. 시간은 충분합니다. 글쓰기는 평생 가는 습관이니까요. 즐거움으로 시작된 글쓰기 습관이 서서히 아이들의 인생을 변화시킬 것입니다.

Q[교사].

"아이가 포스트잇 놀이 글쓰기를 통해 글쓰기에 흥미를 가지게 되었어요. 아이가 앞으로 글쓰기 습관을 더 발전시키고 글쓰기 실력도 지속적으로 향상시킬 수 있는 방법이나 팁이 있을까요?"

A.

아이들이 다양한 글쓰기를 시도해볼 수 있도록 도와주면 좋습니다. 일부 학부모들께서는 아이들에게 진학에 도움이 되는 '논술'이나 '논설문' 등의 글쓰기만 강요하는 경우가 있습니다. 그럴수록 안타깝게도 글쓰기에 대한 아이들의 흥미는 떨어지게 되죠. 시, 소설, 수필, 시나리오, 광고문, 주장하는 글, 독후감 등 이 세상에는 우리 아이들이 도전해 볼 글이 무궁무진합니다. 아이들의 가능성을 키워주세요. 아참, 우리 습관코치연구소가 출간할 글쓰기 습관 코칭 도서[글쓰기도 습관이다]도 도움이 될 것입니다!

Q[교사].

"포스트잇만 쓰다 보면 아이들이 단순하고 짧은 단문 위주의 글만 쓰게 되지 않을까요?"

A.

아무리 위대한 작가라고 해도 처음부터 화려한 장문의 글을 쓰지는 않았을 것입니다. 포스트잇 글쓰기는 글쓰기 습관의 완성이 아니라 시작입니다. 글쓰기에 입문한 아이들의 모습을 보며 성급하게 아이들의 미래를 판단하는 실수를 범하지 말아 주세요. 아이들의 잠재력을 믿고 응원해 주세요. 아이가 먼저 이렇게 말하는 순간이 올 것입니다.

"이제 포스트잇은 너무 작아요. 더 넓은 종이에 글을 써 볼게요."

Q[학부모].

"포스트잇 글쓰기를 하다 보면, 너무 많은 포스트잇(종이)이 낭비되는 것은 아닐까요? 혹시라도 아이들이 자원의 소중함을 놓치게 되지 않을까 염려가 되네요."

A.

A4용지를 펼쳐 놓고 포스트잇으로 덮어볼까요? 대략 10장이 넘게 필요할 것입니다. 즉, 포스트잇 100장을 써도 A4용지 10쪽 정도 분량에 불과하죠. 종이가 크게 낭비되는 수준은 아니에요. 그리고 포스트잇은 종이로 재활용이 가능합니다. 글쓰기에 익숙해지면 아이들은 자연스럽게 컴퓨터나 다이어리 등을 통해 글쓰기를 이어갈 수 있습니다. 그러므로 아이들이 포스트잇을 지나치게 낭비할 것 같다는 걱정은 접어두셔도 됩니다.

나가는 글

먼 옛날, 전쟁이 일어났습니다. 지긋지긋한 전쟁이 끝나자 병사들은 꿈에 그리던 고향으로 돌아갈 수 있게 되었어요. 고향이 같은 두 명의 병사가 있었습니다. 안타깝게도 고향은 전쟁터로부터 1000km나 떨어져 있었고, 타고 갈 말이나 수레도 없었습니다. 한 병사는 그냥 자신의 힘으로 뛰어가기로 결심했어요. 하루에 몇 km씩 가다가 힘들면 쉬고, 다시 뛰고 이렇게요. 다른 한 병사는 물길에 작은 배를 띄워서 가기로 생각했습니다. 전쟁터부터 고향까지 작은 강이 이어져 있었거든요. 대신 이 사람은 배를 직접 만들어야 했습니다. 뛰어가기로 한 병사가 몸을 풀면서 배를 만드는 동료를 보고 말했어요.

"정말 배를 만들 셈이야? 그렇게 고생하느니 그냥 하루에 몇km씩 뛰어가면 되지. 의지력만 있으면 해낼 수 있어! 고향에 돌아가고 싶은 열정만 있다면 금세 도착할 거야!"

배를 만드는 병사는 대꾸도 하지 않고 묵묵히 나무를 베고 있었어요. 뛰어가기로 한 병사는 고개를 절레절레 흔들고는 열심히 뛰기 시작했어요. 배를 만드는 병사는 며칠 동안 단 1m도 갈 수 없었어요. 아주 작은 배였지만, 만드는 데 시간이 꽤 걸렸거든요.

며칠 후 마침내 배가 만들어졌어요. 비록 작은 배였지만 달리는 것과 비교할 수 없을 정도로 훨씬 빨리 갈 수 있었죠. 며칠이 지나 조종이 익숙해지자 그는 바깥 경치도 감상하고, 물고기도 잡으면서 귀향 여행을 즐길 수 있게 되었어요. 며칠이 더 지났을까. 그는 저 멀리서 부르튼 발을 움켜쥔 채 바위에 걸터앉아 있는 동료를 발견할 수 있었어요. 뛰어가던 그 동료 말이에요. 그는 배를 그쪽으로 대고 싶었지만 유속이 빨라 불가능했어요. 어쩔 수 없이 지나치고 말았죠. 후회와 부러움이 가득한 동료의 눈빛을 뒤로 한 채로...

습관은 현명한 병사가 만들었던 작은 배와 같습니다. 우리의 인생은 1000km를 가는 것과 비교하기 힘들 만큼 머나먼 여정입니다. 우리는 습관의 도움으로 의지력과 에너지를 아낄 수 있으며 그 절약한 힘으로 더 창조적이고 생산적인 일들을 즐길 수 있습니다. 그가 여행을 즐겼던 것처럼 말이죠.

꾸준한 글쓰기 습관을 쾌속선에 비유할 수 있지 않을까요? 글쓰기 습관만큼 우리의 인생에서 큰 영향력을 발휘할 수 있는 습관은 많지 않을 것입니다. 저희 코치들은 여러분이 이 책을 통해 아이들과 다양한 놀이를 즐기며 신나게 글을 썼을 것이라고 확신합니다.

포스트잇은 목표가 아닙니다. 종착지도 아닙니다. 경유지이고 도구일 뿐입니다. 멈추지 말고 전진하세요. 지금까지 닿아본 적 없는 습관의 바다가 여러분을 기다리고 있을 테니까요. 저희가 여러분을 응원할게요!

포스트잇으로 즐기는

초등 놀이 글쓰기

초판 1쇄 발행 2021년 4 월 26일
3쇄 발행 2022년 10월 26일
지은이 습관코칭연구소 | 배찬효·조성진·채명훈
펴낸이 신호정
펴낸곳 책장속북스
디자인 이지숙
신고번호 제 2020-000111호
주소 서울시 송파구 양재대로 71길 16-28 원당빌딩 4층
대표번호 02)2088-2887
팩스 02)6008-9050
인스타그램 @chaegjang_books
이메일 chaeg_jang@naver.com

ISBN 979-11-972489-5-5 (03370)